水俣曼荼羅

製作ノート

原一男

＋

疾走プロダクション

表紙デザイン　つちやかおり

はじめに

まだ、取材・撮影のために水俣に通っていたときのことだが、ある日、街角で「水俣病公式確認60年記念」という行事のポスターを見て、私は唖然とした。この行事は、もちろん行政が主催するものだ。今日に至るまで、水俣病の問題は決して解決していない。つまり、このポスターの意味は、行政には、解決する能力がない、あるいは解決する意思がない、ということを意味している。その行政が、何か、ご大層に、記念行事をするなんて変ではないか。変であることに気付かないところが、まさに正真正銘、〝いびつ〟で変なのであるが。

では、なぜ、そのような〝いびつさ〟が生じたのか？　結果としては、私（たち）は、十五年かけて、その〝いびつさ〟を生むニッポン国と、水俣の風土を描くことになった。

私は、ドキュメンタリーを作ることの本義とは、「人間の感情を描くものである」と信じている。感情とは、喜怒哀楽、愛と憎しみであるが、感情を描くことで、それらの感情の中に私たちの自由を抑圧している体制のもつ非人間性や、権力側の非情さが露わになってくる。この作品において、私は極力、水俣病の患者である人たちや、その水俣病の解決のために闘っている人たちの感情のディティールを描くことに努めた。私自身が白黒をつけるという態度は極力避けたつもりだが、時に私が怒りをあらわにしたこともある。それは、まあ、愛嬌と思っていただきたい。

この作品で、何が困難だったかといえば、撮られる側の人たちが、必ずしも撮影することに全面的に協力してくれたわけではないことだ。それは、マスコミに対する不信感が根強くあると思う。映画作りはマスコミの中には入らないと思っているが、取材される側は、そんなことはどうでも良いことだ。とは言え、撮られる側の人が心を開いてくれないと、訴求力のある映像は撮れない。撮る側は、撮られる側の人たちに心を開いて欲しい、といつも願っているが、撮られる側の人たちは、行政が真っ当に解決しようという姿勢がないが故に、水俣病問題の労苦と重圧に、日々の暮らしの中で戦わざるを得ないので、カメラを受け入れる余裕がない。苦しいからこそ、その実態を率直に語って欲しい、晒して欲しい、というのは撮る側の理屈だ。

完成作品は、六時間を超える超長尺になった。それでも、作品の中に入れたかったが、追求不足ゆえに割愛せざるを得ないエピソードがたくさんある。かろうじてシーンとして成立したものより、泣く泣く割愛したシーンの方が多いくらいなのだ。だが私たちは撮れた映像でしか構成の立てようがない。その撮れた映像だが、完成を待たずにあの世に旅立たれた人も、多い。

ともあれ、水俣病問題が意味するものは何か？

もう一点、付け加えておきたいことがある。『水俣曼荼羅』はこれまでの公害運動を描いた作品のように画一的なパターンの運動映画ではない。観るもの＝観客の自由な解釈に委ねる「遊び心」にあふれた内容に仕上がっているはずだ。ここまで作り手自身が率直に言ってるのだ。こうなったら、もう観るしかないのだ、と思ってもらいたい。

原一男

目　次

採録シナリオ『水俣曼荼羅』

〈タイトル〉

疾走プロダクション製作

〈タイトル〉

原一男監督作品

○プロローグ・ある水俣病患者

1　水俣市・国保水俣市立総合医療センター

水俣病患者・松崎がベッドで横たわっている。

スーパー　水俣病患者　松崎幸男

支援者の横田憲一が松崎を見舞う。

横田の声「松崎さん、私の言うことわかる？
大阪。大阪から来ました横田という」

一二〇を超える心拍数を示すモニター。

松崎「え？」

横田「横田」

松崎「ああ。遊びよってな」

横田、松崎の話に耳を傾ける。

横田「うん？」

松崎「遊びよってな」

横田「うん。遊びに行く」

松崎「海岸におって」

横田「あ、海岸。海岸？」

松崎、苦しい息が続く。

松崎「……はあ！」

目を見開いたままの松崎の顔。

○水俣病史・概要

2　水俣湾

海面上を前進するドローン撮影によるショット。

スーパー　1932年

チッソ水俣工場

アセトアルデヒドを製造開始

スーパー　1940年代初頭

謎の病気の患者が発生し始める

スーパー　１９５１年
貝類が減少　魚が大量に海に浮く

スーパー　１９５３年
猫が踊り　海鳥が空から落ちる

スーパー　１９５６年
チッソ附属病院が原因不明の病気を保健所へ届け出る（公式確認）

スーパー　１９５９年7月22日
熊大研究班「有機水銀説」発表

スーパー　１９５９年10月6日
チッソ附属病院　工場廃水が原因と確認

スーパー　１９６２年11月29日
胎児性患者16人を公式認定

スーパー　１９７７年7月1日
認定基準「52年判断条件」通知
海面から水俣湾をのぞむロングショットへ。

スーパー　１９９５年
認定せずに患者を「救済」する
政府解決案発表（一時金２６０万円／人）

スーパー　１９９６年
「政府解決案」を受け
各地の訴訟が次々と和解

スーパー　「水俣病は終わった」と言われる中
関西訴訟のみ
「認定」を求めて闘いが続いていた

〈メインタイトル〉

水俣曼荼羅
MINAMATA　Mandala

〈タイトル〉

第一部「病像論」を糾す

○水俣病関西訴訟・最高裁判決日

3　最高裁判所・外観

スーパー　2004年10月15日
最高裁判所　関西訴訟　判決日

4　最高裁判所・前

おびただしい人数の取材者たち、支援者たちが待っている。

声　「どうもご苦労さまでした。ご苦労さまでした」

川上が拍手の中、最高裁判所から出てきて勝訴の垂れ幕を見せる。

（幕）国・熊本県の責任を認める

スーパー　関西訴訟 原告団長 川上敏行

川上「皆さん、ありがとうございました」

男性「水俣病の判断条件を批判する判決が確定しました。行政責任も確定しました」

声　「これで裁判は終わったんだよ」

〈タイトル〉

同日　夕方　環境省

5　東京都・環境省・一室

官僚たちに囲まれた環境大臣が着席。

スーパー　環境大臣 小池百合子

横田の声「ただいまから始めます」

原告団・弁護団・支援者たちが小池環境大臣・官僚らと対峙して座る。

取材者のカメラ、マイクがずらりと並ぶ。

横田の声「大臣から談話の発表をお願いいたします」

小池環境大臣、立ち上がり書類を読み上げる。

小池環境大臣「環境大臣の小池百合子でございます。
　本日、水俣病に関する損害賠償請求訴訟として、唯一継続していた、いわゆる水俣病関西訴訟について、最高裁、最高裁判……最高裁判所の判決が言い渡されました。判決では、一部原告による国及び熊本県には、いわゆる、水質二法及び熊本県漁業調整規則に基づいて対策を講じる義務があったにもかかわらず、それを怠った責任があるとされました。
　私は、この判決を厳粛に受け止め、水俣病を発生させた企業への対応に長期間を要し、その被害の拡大を防止できなかったことについて、真摯に反省をし、このようなひさいな……、悲惨な公害を決して再び繰り返してはならないとの決意を新たにいたしております。まことに申しわけないという気持ちでいっぱいであります」
　小池環境大臣、頭を下げ、着席。
美代子の声「その言葉に偽りありませんか」
小池環境大臣「ございません」
美代子の声「ございませんか」
小池環境大臣「（軽くうなずく）」
　原告団・弁護団・支援者たちと小池環境大臣・官僚たちとのスプリット・スクリーン。
　美代子、遺影を小池環境大臣に向ける。
スーパー　原告　坂本美代子
美代子「そしたら、この亡くなった人に謝ってください」
小池環境大臣「今、申し上げたとおり、心から反省をし、そしてまた……」
美代子「手を合わせてないやないの。どんな思いで亡くなったと思ってる？」

×　×　×

　川上、要請書を読み上げる。
川上「国は、県は、自らの無為無策により、世界に例のない公害事件を引き起こしておきながら、その責任をとろうとせず、患者の救済を放置し、切り捨ててきました。次の項目を実現するよう強く要請いたします。
一、関西訴訟に限らず、訴訟で水俣病と認容された全ての患者に対し、医療費等を支給すること。
二、「52年判断条件」の誤りを認めること。
三、現行の認定制度を見直して、疫学研究に基づいた患者救済策を実施すること。
四、不知火海沿岸一帯の環境調査と健康調査を実施すること。以上でございます」
声　「そうだ！」
　川上、小池環境大臣に要請書を手渡す。
川上「よろしくお願いします」
声　「（水俣病は）まだ終わってないよ」
川上「（52年）判断条件を変えるように検討してください。それが水俣病患者の解決策です」
小池環境大臣「きょうはまずしっかりと受け止めさせていただきたいと思っております」
声　「何言ってんだよ」
声　「謝罪せい！」
　川上・原告団と小池環境大臣とのスプリット・スクリーン。
川上「四十何万という方々の取り下げてくださいという署名まで……その前に言うとるはずじゃ。それを国も県も踏みにじって現在までやってこられた。判決が出たからということで、そういう謝りは、私は許しません」
声　「謝れ」
小池環境大臣「わかりました」
声　「謝るのか、謝らないのか」
川上「それで、やはり自分でそうやったということを今感じられたから謝りの言葉が出たわけですけども、私としては、それは許しません。今頃になって何ですか」
横田の声「ほかの原告の方は？」
柴垣課長「最初に申し上げましたように、大臣は政務のために五十分で退席させていただきますので。事務方が対応いたしますので、よろしくお願いします」

声　「何を言うんや！」
美代子「ちょっと待ってください」
スーパー　原告 小笹 恵
恵　「水俣市民全員を救済していただけるような方法をとっていただけますか。私も五十年苦しんできました。父（関西訴訟初代原告団長　故・岩本夏義）は高裁のときに患者で……（涙をこらえ切れない）謝りながら死んでいきました。その人たちに、どうして線香の一本も上げに来られないんですか。悔しくてたまりません、私は」
出席者「あなたは虫けらと同じですよ、それじゃ」
小池環境大臣「はい」
出席者「『はい』じゃなくて、虫けらでいいの？情けない！」
横田の声「大臣、帰れまへんで、やらな」
声　「謝罪し！」
小池環境大臣「先ほどから申し上げております。本当に申しわけないと思っております」
声　「頭を下げ！」
川上「立って謝ってください」
声　「そうだ」
　小池環境大臣、立ち上がる。
小池環境大臣「まことに申しわけありませんでした」
　小池環境大臣、頭を下げる。
川上「皆さん、これでいいですか」
声　「よくない」
川上「このくらいの謝り方でいいですか」
声　「よくないよ！」
声　「どのように申しわけなかったか、内容を言いなさい」
柴垣課長の声「約束の時間、五十分が過ぎておりますので、大臣、政務のために退席させていただきます」
声　「誰がこんな体にしたんよ！」
小池環境大臣「改めて申し上げさせていただきます。謝って、謝って、もう何度も謝るということ、そういう気持ちでいっぱいでございますけれども。本当に皆様方には申しわけない、その気持ち、きょうはその一言に尽きているということをお伝えしたいと思います」
声　「今まで、二十二年待たせたことについて、はっきり謝れ」
声　「具体的な政策を患者さんたちは求めてますからね」
声　「認定基準、変えるんだろう？」
声　「（52年）判断条件を破棄しろ」
小池環境大臣、官僚たちに取り囲まれて退室。

×　×　×

滝澤部長「損害賠償の受領者はこの総合対策事業の対象とはしないと、今の時点では、このご要望についてお応えすることは極めて困難な状況であるということでございます」
スーパー　環境省環境保健部長 滝澤秀次郎
声　「でも、おたくらが負けたんでしょう」
声　「どうするつもりだ！」
声　「それが反省した者の言葉か。あなた方が決めたんだから、あなた方が変えたらいいんですよ」
柴垣課長「平成七年の政治解決は、御存じのように、当時の与党三党が高度な政治的判断のもとに決めたということで、行政が……」
スーパー　環境省総合環境政策局
環境保健部企画課長　柴垣泰介
声　「それが間違ってたんだよ」
原告団・弁護団・支援者たちと官僚たちとのスプリット・スクリーン。
柴垣課長「いや、ですから、見直すことではないと考えております」
声　「最高裁の判決を受けてどうするんだ」
スーパー　支援者 高倉史朗
高倉「国、県の責任はないとしてそれをやってたんだろう。だけど、今度の判決は何て言ってるんだ。国、県に責任があるって言ってんだぞ。そこで前提が崩れてんだから、関西の原告には前提が崩れたことで対応しろよ」
柴垣課長「最初に言いましたように、政治解決は行政というよりは、まさに当時の与党三党の政治判断で決まったものですので」

声　「何だよ、それ」

村田「何だ！」

スーパー　阪南中央病院 医師 村田三郎

宮澤「今度は行政が決める番だよ。国の責任が認められたんだから、その責任に立って、今度は行政が、国がやる番だ。もう政治なんかいいよ」

スーパー　支援者 宮澤信雄

声　「自らの判断でやれよ。司法の判定が出たんだ」

宮澤「あなた方は何のために役人やってるんだ。あなた方の出番なんだ、今度が」

緒方「さっきから聞いていれば、何が政治決着ですか。何が最終解決策ですか。あなたたちはそれを成功させたと思ってるんですか」

スーパー　未認定患者 緒方正実

緒方「関西の原告団の人たちもそうですけども、水俣には半殺しの目に遭って苦しんでいても救済の対象にされなくて放って置きぼりにされてる人たちがまだたくさんいるんですよ。その中の私は一人なんですよ。

二歳のときに、私の髪の毛から二二六ppmの水銀値が検出されてるんですよ。私は半殺しに遭わされてるんですよ。私たちをどうするんですか」

滝澤部長「認定基準の見直しを行う考えは、ございません」

声　「ふざけんな、おまえ！」

柴垣課長「裁判は個々の主張・立証をもとに、個人個人の因果関係を裁判官が判断するものと」

二宮の声「どっちの主張が認められたんや！」

スーパー　熊本大学医学部 二宮 正 医師

二宮「あなたたちが信じとった学者が、きょうの判決で間違ってると言われてるんですよ」

声　「そうだ」

二宮「何が『52年判断条件』が正しいんや」

スーパー　『52年判断条件』

二宮「根本が崩れてるんですよ。きょうの裁判で、あなたたちがいう学者の考えが間違っとったとい

うことなんですよ。何でその人たちがつくった条
件が維持されないかんのですか」
声　「そうだ」
スーパー　水俣病被害者互助会 谷 洋一
谷　「水俣病は一つです。チッソが流したメチル水
銀によって冒された、病気になってる人たちのこ
とです。それを、判断基準だとかそういう基準を
つくって、救済ができないような制度をつくって
きたあなた方の間違いを根本的に正すべきときが、
今、来たんですよ」
柴垣課長「最高裁の判決が、高裁の判断を認容した
ということは承知しております、ということで」
声　「違う！」
しのぶ「あんたたちは逃げとる。あんたたちは逃げ
とる」
スーパー　胎児性水俣病患者 坂本しのぶ
しのぶ「ちゃんと認めてください」
拍手の中、返答しない柴垣課長、滝澤部長。

〈タイトル〉
二ヶ月後　大阪
○環境省官僚　謝罪訪問
6　大阪・道
滝澤部長たちが大阪の原告宅へ向かう。
7　大阪・面木宅
支援者・横田の読経が聞こえる。
玄関に滝澤部長たち。
面木「どうぞ」
滝澤部長「環境省の滝澤でございます。失礼します」
声　「おはようございます」
滝澤部長、面木の家に入っていく。
8　面木宅・仏壇前
横田が仏壇を前に読経。
横田「南無妙法蓮華経……」

9　面木宅・仏壇

10　面木宅内

面木が仏壇に手を合わせて故人に語りかける。

スーパー　原告 面木 学

面木「マサミ。きょう、初めて環境省が来てくれやったよ。横田さんも会ってもろうて、本当によかった。よかったね。（嗚咽）初めて、水俣病をやっと認める方向に持っていってくれたよ」

11　面木宅・仏壇前

面木、滝澤部長たち、座卓をはさんで向かい合って座っている。

滝澤部長「環境省の滝澤でございます」
面木「はい」
滝澤部長「今回、我々のために訪問の機会を与えていただきまして、ありがとうございます。
十月に最高裁の判決が出まして、国の責任が認められまして、我々、非常に重く判決を受け止めております。また、面木様には大変長い間、心身ともにつらい、苦しい思いをさせてしまいましたことを、本当に申しわけなく思っております」

滝澤部長、頭を下げる。

面木「ありがとうございます」
滝澤部長「本当に申しわけなく思っております」
面木「絶対にこれは、絶対に、県、国には勝つまではやるんだということで、皆、頑張ってやってきたんです。家内も大分、苦しい思いしたんですよ。本来なら、ほんまに殴ってやりたいぐらいやけど、気持ちは。人間だからそんなことできないからね。やっと国がなにしたから、部長もこないして来てはるけども、本当に怒りがまだこないですよ、本当に、本人は。
次はもうそういうふうな、また、なんのほうも考えてくれてるんでしょうね、ちゃんと」
滝澤部長「……」
面木「水俣に住もうと思ってたやつが、中学校に上がってからすぐに手をけがするし。それからやれやれ思うたら、今度は船を買うて、いなかで住もうと思うたら、おやじが魚がとれんとか、おまえは水俣におられへんで言うて。それから、鈍行汽車で夜中、大阪に来たんですよ。右も左もわからんと。

一番、働き盛りの四十五年万博のときに、手足がしびれてきて、頭がんがんするし、女房ともう別れるかというところまでいって、キチガイみたいになってしもうてね。この苦しみっていうのは、どこにもなにしようがないがな。国、県に言わなしゃあないがな、認めてもらわな。ここまで裁判をさせたのは、わかってるでしょう、どっちか。長引かして。国、県がいつかは認めてくれるやろう言うて、ずっとそれを待ちに待って、ずっとそれで闘うてきました」

面木、戸棚から薬袋の束を出してきて、滝澤部長の前に並べる。

面木「体はオーケーに見えますけど、みんな薬ですよ。見てくださいよ。これを飲まんことには大変なんです、頭痛くなったりなんかして。皆、痛み止めや」

面木、写真を出してきて滝澤部長の前に置く。

面木「これが溝口さんいうて、この人も友達や。この人のおふくろが三十何年も放ったらかされて、今、熊本県で裁判やってるんですよ。これが裁判のときの写真。これが新潟の患者さん」

滝澤部長「はい」

面木「そういうことやからね、おたくさんもよう胸にしまっといてください よ」

滝澤部長「申しわけございません」

滝澤部長、頭を下げる。

面木「しっかり胸に思うといて、なにしてくださいよ」

滝澤部長「はい」

12　面木宅・玄関

滝澤部長「どうも」

滝澤部長たち、頭を下げ、面木宅を後にする。

13　大阪府松原市・阪南中央病院の一室

滝澤部長「まことに申しわけないと思っております。本当に申しわけございませんでした」

　滝澤部長、向かい合って座っている岩本に頭を下げる。

　スーパー　原告団副団長　岩本　章

岩本「私もやがて半世紀ですね。私は本当に発病しとるんですから、水俣市立病院で。市立病院で発病して仕事もできない、どうにもならないから、ずっとこんな状態で大阪に来ましたけど、結果的には、この阪南の病院のおかげで、今日まで生きています。

　本当に私はもう苦しい、苦しいばかりで、貧乏のどん底になって、家内が助けてくれました。また、本当にここの先生に助けていただいて、今日まで生きとるんですよ。何とかしてくださいよ。私はここで検査して発病したんじゃないです。向こうで発病しとるんですから、そのカルテを出してほしいんです。どんなことをしても私は認定してもらいたい。はい」

14　大阪・小笹宅・仏壇がある部屋

　恵が滝澤部長を前にして話す。

　スーパー　原告　小笹　恵

恵「もうちょっと早くこの日が来たら、本当に」

滝澤部長「こういう訪問になりまして……」

恵「ちょっと長かったですよ、ほんとに。待っておりました」

　恵、涙を拭う。

　恵の隣に坂本美代子が座っている。

　スーパー　原告　坂本美代子

同席者「やっとこの日が、やっとこの日を迎えて、挨拶……よかった」

美代子「本当に。長い道のりやったもんな」

同席者「よかったね、おじさん、来てもらってね。長かったもんね。おばさんもね。長いこと、謝ってほしかったんやけどね」

恵　「(泣きながら) 生きてるとき、苦しんで、苦

しんで、苦しんで、それでも裁判に命をかけて。あのときの悔しさを、私、心にずっと秘めてる。やっと来てもらった。

これが第一歩と思っててください。これから患者はまだ苦しみ続けていかなければならないし、これから、生きてる患者さんをどうか守ってください。お願いします。行政認定してください」

滝澤部長、うなだれて聞いている。

美代子の声「おたくら、人殺し」

恵「これからが第一歩ですよ。どうぞ心に思っておいてください。私はこれが始まりだと思っていますからね。お願いしますよ。

（52年）判断条件、あれかて変えて当然なんですよ。それを変えないで患者を助けることはできませんよ」

15　大阪・線路沿いの道
滝澤部長たち、歩いていく。

○52年判断条件を覆す新病像論

〈タイトル〉
水俣病認定「52年判断条件」
1　水銀への曝露歴［必須］
2　感覚障害［必須］
3　運動障害／平衡機能障害／視野狭窄
中枢性障害を示す眼耳鼻の症候［複数の症状が必要］
このようにかなり厳しい条件のため多くの人が認定されない状況が続いている

〈タイトル〉

その「52年判断条件」を覆すような最高裁判決が出た背景には二人の学者の存在があった

16　熊本県・天草市・御所浦
御所浦の俯瞰。
スーパー　**熊本県天草市御所浦**
地図　熊本県　水俣市　御所浦

17　天草市・御所浦・港
　　港に二人の男が立っている。
　　スーパー　熊本大学医学部教授　浴野成生
　　　　　　熊本大学医学部　二宮　正
浴野「僕、荷物待っとんですよ」
18　天草市・御所浦・民家
声「えっと、生年月日は？」
男性の声「昭和……」
　　浴野、二点識別計で男性を検査している。
　　スーパー　二人は御所浦での検診結果を元に
　　　　　　水俣病の新たな病像論を発表した
浴野「はい、行きますよ」
男性「一」
浴野「行きますよ」
19　同
　　浴野、二宮、座敷で集まった人たちに話す。

浴野「実を言うと、今回、最高裁の判決が出て、もう一遍、見直しになりましたよね。ガタガタしてますよね。判決の内容は、僕らの仕事を主に判事が認めてくれたんですよ。それはこの御所浦での仕事がメインなの。それも大浦での仕事が。結論から言うと、今までの診断方法は間違えていると。だから、今までの診察、いろんなことしてるでしょう、認定のための。あの診察方法、全部とは言いません。おおもとが間違いだったというすごい論文で。自分で自分を褒めても仕方ないんですけどね」
二宮「褒めてくれる人がおらんもんで」
浴野「ハハハ」
20　熊本大学医学部・浴野研究室内
　　浴野、インタビューに答えている。
　　スーパー　熊本大学医学部教授
　　　　　　浴野成生（解剖学）
浴野「私が大学三年生か四年生のときかな、水俣病の検診の手伝いに行ったんですよね、御所浦に。診断をしてて、出したのはほとんど誰も認定されませんでした。僕が疑問に思ったのが、自分たちが診察してるけど全部棄却されるのは、何か自分が間違ってるんじゃないかと思い始めたんですね。それで一度、カルテをまとめようということで、このときに二宮先生を含めてまとめとるうちに、今度は、『え？これは対照群がないじゃないか』と。似たところを探して、二宮と一緒に思いついた幾つかのうちの一つが（宮崎県）北浦町で、行ったところ、えらい差があることに気づいてびっくりして」

地図　九州の地図

宮崎県北浦町

御所浦　水俣

浴野「針で刺したら、御所浦の人は、刺しても、『うん？うん？もう一遍』って言うんですよ。結構強く刺してるんですよね。北浦町で同じ調子でやったら、『痛いじゃないですか』と。あ、『痛い』と。俺も（刺されたら）痛いけどこの人も痛いんだと。ところが、御所浦の人はあんまり痛いと言わなかった。これ、やっぱりおかしいなと。芝居じゃなかったんだと」

21　天草市・御所浦・港

御所浦の屋外スピーカーから、浴野の声が響く。

浴野の声「説明会のご案内をいたします」

22　同・雑貨店内

浴野が、店の片隅にある防災行政無線で放送している。

浴野「水俣病関西訴訟の高裁、昨年の最高裁の判決において、水俣病であると訴えてた患者さんたちがメチル水銀中毒、すなわち水俣病として認められました。最高裁の判決には、私たちが大浦、元浦を中心に三十年間余りにわたって行ってきた研究の成果が証拠として採用され、患者側の勝訴に重要な役目を果たしました」

23　同・地域各所
　　浴野、持っているビラを男性に手渡しながら
　　話しかける。
浴野「すいません。あしたここで水俣病の……僕は
　　もう三十年ここに来とるけど」

×　×　×

　　浴野、バス停の椅子に座っている男性にビラ
　　を手渡そうとする。
男性「もろうたよ」
浴野「もうもろうた？」
男性「はい」
浴野「そうか。あした来てください」
男性「はい」

×　×　×

　　浴野、家から顔を出している女性に声をかけ
　　る。
浴野「こんにちは」
女性「あら！」
浴野「あらあら」
女性「よか魚なば、持っていくと言うじゃっとん」
浴野「本当」
女性「行ったばってん、誰もおらんで」
浴野「今、周りよったもん、ぐるぐる」

×　×　×

　　浴野、二階のベランダの女性に声をかける。
浴野「昔、フルイツギさん」
女性「はい、母ですが？」
浴野「僕とすごい仲よかった」
女性「ハヤノ先生ですか」
浴野「いや、僕は浴野っていうんだけど」
女性「あ、はいはい」

×××

浴野、犬を散歩させている女性にビラを説明。

浴野「僕はここに三十年来てる…」
女性「浴野さんでしょう、もう」
浴野「ああ！そうやった。思い出した。今、顔を見て思い出した。失礼しました」
女性、スコップで顔を隠そうとする。
女性「いや！このきれいな顔を写さないで」

×××

浴野、道を歩きながらふくらはぎを叩く。
浴野「ようけ、蚊に刺されたな……」
浴野、ある建物の前で立ち止まる。
浴野「ここで合宿しとった。夜ばいが最初はこっちから来て、二回目がそこで、三回目が山の裏やった。ハハハ」

（看板）大浦生き生きサロン
浴野「朝までずっとここで話して、どうにかせにゃあかんというので、夜ばいに来るもんだから、もう、最後は向こうから来た。ハハハ。僕らの思い出の場やね」

×××

夕方、浴野、細い道をビラを持って歩く。
家の玄関前で、男性と浴野。
浴野「あそこにおりますから、飲みに来てください。あした七時終わった後、そのままおってもよか」
男性「あした、おつまみや何じゃ用意する」
浴野「はい…いや、持ってこんでよか、持ってこんでよかけど、遊びに来てください」
男性「はい」

×××

浴野、細い道を歩きながら、
　二階の人に声をかける。
浴野「どうぞ、遊びに来てください」

24　同・御所浦・港（夜）
　外灯の明かりが、港の穏やかな水面に揺れる。

25　同・御所浦・集会所
　浴野、集まった人たちの前に座り、判決内容が
　掲載された新聞記事を見せながら話している。
浴野「偽《にせ》患者と言われとったけど、実は典型的な症
　状だと。そして、最後に、今までの偉いと言われ
　とった医者のやってたことは、間違いだと。それ
　を証明したんです、僕らが。
　見た目は胎児性患者ほどひどくないよ、みんな。
　元気そうよ。だけど、将来どうなるかわからんで
　しょう。不安だったでしょう、あなた。手がしび
　れるわ、何かちょっとおかしいんじゃないかと。
　だけど、一体何なのかわからんですよね。だから、
　将来、どうなるかがわからんし、僕も調べたい」
　浴野、立って水俣病の病像論について説明。
浴野「脳の細胞がやられる。この辺（腕を触って）の
　神経、ここに神経はないけど、この辺の神経がやら
　れるわけじゃない。ここ（頭を触って）がやられる」
　浴野、ふすまに映し出されたスライド図を示
　して説明する。
　（スライドの文字タイトル）メチル水銀によ
　る大脳皮質神経細胞の障害
浴野「脳は五種類の構造があるんです。この小さい
　点々の細胞、最も多いやつ。最も少ないやつ。一
　番大きいやつは50。一番小さいやつは5というサ
　イズ。十倍違う。顆粒細胞、一番小さい細胞の多
　いところが、手を触ったりするとこ。見るとこ。
　聞くとこ。味わうとこ。匂うとこ、五感なんや。
　こういうとこがやられてる症状が、皆さんにある
　という仮説で僕らは皆さんを診察してる、いろい
　ろ。これ、難しいよね、皆さんには。
　ここ（脳）がやられてる。ここ（末梢神経）はオー

ケー。とすると、今までのお医者さんは間違っとったわけや、診察が。今までのお医者さんは、ここ（末梢神経）がやられとると思ってた。そしたら診察、違うよね。これはわかるね。

四番目がやられとるのか、一番目がやられとるか。四番目がやられとると思って診察しとったというのは、だから間違い。本当は誤診なんよ、今までの診察は。だけん、決め切らん、何年も放ったらかされとったんや。決め切らんから、絶対誰が診ても水俣病だけを認めようとして、えらい遅くなった。データの揺れるやつは放ったらかしよった」

26　水俣市・袋・乙女塚・会場内

二宮が集まった人たちを前に説明している。

地図　水俣湾　チッソ水俣工場　乙女塚

二宮「昔、日本で水虫の薬にメチル水銀があって、足に塗って、それが中毒を起こした例とかいうんもありますし」

二宮、小型のスクリーンに図を映しながら説明する。

スーパー　熊本大学医学部　二宮　正医師

二宮「そういう病気っちゅうんも、水俣病じゃないけど、とにかく実はメチル水銀中毒なんです。じゃ、どのような症状があったらメチル水銀中毒症と認められるかっちゅう、まずここからつくっていったんですわ」

説明を聞いている人たち。

スーパー　未認定患者　溝口秋生

スーパー　水俣病被害者互助会会長　諌山　茂

スーパー　水俣病被害者互助会　佐藤英樹

（スクリーンに映された資料の文字）環境と水銀

二宮「メチル水銀っちゅうんは、有機水銀って言いますよね。有機水銀の有機って何ですかね。普通の水銀を飲み込んでも全然病気にならんのですわ。飲み込んでも、うんこから出ていくの。ところが、有機水銀っていう形で飲み込んだら、100%吸収するの。

私たちの体っちゃ生きてますよね。草も生きてるし、例えば豚も生きてるし、トンボも生きてると。そういうもんの体ちゃ、ほとんど有機物っていって、炭素（Ｃ）と水素（Ｈ）と酸素（Ｏ）と窒素（Ｎ）、もしくはプラス硫黄（Ｓ）か何かでできてるものですよね。生きものちゅうのは、基本的にこれからできとるんですわ。ほんで、メチル水銀っちゅうのは、CH_3とかいうでしょう、あれの一部分と普通の体温計の水銀がくっついとんですわ。くっつくと、飲み込むと１００％吸収」

（スクリーンに映された資料の文字）

MeHg：CH_3HgCl

二宮「要するに、それが血の中を巡って、脳に行って脳の神経細胞をやっつけてしまうと。じゃ、水銀っていうのは体の中、脳の中に入って、どこがやられるんかってことですね。例えば、ハンター・ラッセルの五大症状っちゅうのは何ですかね？」

参加者「視野狭窄」

二宮「視野狭窄ね、うん。それから？」

参加者「難聴」

二宮「難聴。それから？」

参加者「構音障害」

二宮「構音障害。手足の感覚障害ね。それから、歩行障害とか出ますよね」

スーパー　ハンターラッセル5大症状

1　視野狭窄
2　難聴
3　構音障害（言語障害）
4　感覚障害
5　歩行障害（運動失調）

二宮「私たちはいろんな物を何で認識するかっちゅったら、実は感覚なんですわ。感覚で認識して、それで頭の中に入っていって、どういうもんかっちゅうのを初めて認識して、次に運動っちゅ形で出すんですわ。そういう意味じゃ、感覚っちゅうのは体にとって非常に重要なもんですよね。皆さん、わかると思います。

じゃそれと逆に、『あ、これはちょっと甘くてまったりしておいしいわ』とか、『ああ、淡色で微妙な色ですわね』とか言って、『きょうはこの服着ましょうか』とか言って着ますよね。そういう意味じゃ、感覚っちゅうのは、単純に体の中を守るだけじゃなくて、また私たちが楽しむための、生活を非常に豊かにするものなんですわ。わかりますか。ところが、メチル水銀中毒っちゅうのは、実はさっき言った、例えば目、耳、触覚とか、そういうのを非常にやっつけてしまう」

　二宮、脳の模型を袋から出して見せる。

二宮「人の脳っちゅうのはこんなん、大体入ってますわ。そして、実は、目っちゅうのも、単純に言ったら、ここ（目）に光が当たるとずっと入っていって、ここ（脳内）で物を見よるんですわ。ここ（目）からここまで線がつながって、ここ（脳内）で見よる。手で触ったっちゅうのは、手でずっと触っていって、反対側に行って、この手の領域っちゅうのが、脳のここにあるんですわ。手とか足が触ったという領域。

だから、水俣病っちゅうのは、今までは手の先の神経がやられるって言いよったんですわ。今までの裁判含めて、原告も被告も、全部手の先がやられて感覚がやられるっちゅう言いよったんですわ。

　ところが、私と浴野が入っていって私たちがやったんは、それは間違いや、真っ赤な嘘やと。みんな、偉い武内先生もこげん（末梢神経がやられると）言いよるし、偉い先生が全部言いよるやないかと言いよった。

　いや、それはみんな嘘やということで。そうじゃなくて、こっち（脳）がやられとるから、実は手が鈍なっとんやっちゅう話なんや。手は全然大丈夫なんやっちゅう話をしたんですわ」

諫山「手が鈍くなるのも、目が見えなくなるのも、耳が聞こえなくなるのも、脳をやられてると？」

二宮「そう、脳のほうがやられとるんです。よく、目が悪い人はつえを持って、町でこう動いてますよね」

　二宮、視覚障害のため、つえを頼りに歩く様子を再現する。

二宮「こうしてる人は、実は、目の先のほうがやられとるんですわ、すぐ近いところが。ところが、脳卒中で（脳の）後ろがやられると、実は、こういうことは一切せんのですわ。自分がやられたっちゅうのがわからんのですわ。脳の片方がやられた人は、片方が見えんのや、半分。そういう人は『片方が見えん』ちゃ言わんのですわ。何て言うかというと、『何かいつも片方にぶつかる』っちゅうんですわ。見えんっちゅう意識がないの。感覚もそうなんですけど、脳っちゅうんは、実は、自分がやられたっちゅうんがわからんのですわ。

この先（末梢神経）がやられとると今まで思い込まれとったから、そういう患者さんは偽《にせ》患者さんになっとったんや。皆さんが悪いんじゃなくて、医者が勉強不足っちゅうか、全然勘違いしとったちゅうんが、今度の裁判でばれてしまった。ばれたちゅうか、ようやくそこで初めて知ったんです。全然、病像が違う。偽患者っちゅう言われた人間ほど、実は、メチル水銀（中毒）の典型的な症状なんやっちゅう言い方になるんですけね」

集まった人たち、熱心に二宮の話を聞く。

○環境省による新保健手帳説明会

27　天草市・御所浦・説明会場内

配られた資料を読む参加者たち。その中に浴野と二宮がいる。

スーパー　熊本県天草市御所浦
新保健手帳説明会

環境省の官僚らが、説明を始める。

柴垣課長の声「本日はお集まりいただきましてありがとうございます。保健手帳の手続などの説明に先立ちまして、私のほうからこの制度の趣旨などを……」

声「ゆっくり言ってください」

柴垣課長「はい。……説明させていただきます」

スーパー　環境省総合環境政策局
環境保健部企画課長　柴垣泰介

柴垣課長「今回、今後の水俣病対策の柱の一つとして、認定申請とは別個の、行政による救済策をもう一回申請を開いて、新たな、拡充した保健手帳の申請の受け付けを再開することになりました。その症状に対応した医療や、はり・きゅう、温泉療養というものを受けやすくすると」
浴野、立ち上がる。
浴野「よろしいですか」
柴垣課長「はい」
浴野「私、熊本大学の医学部の教授をしております、浴野といいます」
参加者の前に出た浴野と二宮。二宮は大判印刷した地図と検査データを掲示。浴野はデータを説明する。
浴野「これ、皆さん、おわかりだと思う、大浦ですよね。ちょうど大浦の保育所で、ここが小学校です。おわかりになると思います。
その検査結果、これは二〇〇一年にやったんですよ。きょう言いたいのは、国や県はこれと同じこと（検査）をなぜしないんですか」
浴野、説明会で配布された資料を読む。
浴野「『通常のレベルを超えるメチル水銀を摂取された可能性がある方』と。ここでお聞きします。数値を挙げてください。何年間、どのぐらいの魚を食べたらこれに当たるのか。挙げられますか、挙げられませんか、どっちですか」
柴垣課長「いや、この保健手帳でそういった具体的な数字を求めてるわけではありません」
浴野「どういう人が通常のレベルを超える水銀をとったと判断するんですか」
柴垣課長「可能性ということで、一つは四十三年十二月三十一日以前に地域に住まわれていた方と」
浴野「一日でも住んでいたらオーケーですか」
柴垣課長「で、もう一つは、そういった時間の中で、魚介類をとられたということで」
浴野「その判定をする科学的結果があったら、私たち医者に送ってください。私はここに来ていろんな人に会いました。ずっと大阪に行ってたけど、最近帰ってきた人。時々帰ってきてた人。出稼ぎに行ってたけどどうしたらいいんだとか。こういう人の相談に対して私たちはデータを持ってません。このデータは、皆、ずっとここに住んでた人です。そうじゃない人のデータ、非常に解析が難しいです。だったら、この人たちを認めるなら、全部を認めてください」

28　水俣市・説明会

スーパー　新保健手帳　水俣市説明会

緒方がマイクを持ち、官僚に向かって話す。

スーパー　未認定患者　緒方正実

緒方「私は、現在、認定申請の棄却に対して三件ほどの行政不服審査請求を行っている緒方といいます。国や熊本県の水俣病に対する余りにもずさんなやり方のもとに、私は犠牲になった一人です。

平成七年の政府解決策の医療対策事業に、泣く泣く申請したわけなんですよね。見事、結果的に裏切られたというか、非該当だったんです。それも、保健手帳にすら該当しなかったんですよね。国や熊本県は私を地獄のどん底に突き落としたわけなんです。私は二回目の申請を行いました。二回目の申請も棄却。さらに三回目も棄却。四回目もしましたが、それも棄却となりました。

そういう位置にいる人たちがたくさんいるわけなんです。そういう人たちを、今回の保健手帳でごまかそうとしていると私は思うんですよね」

○未認定患者・緒方正実の怒り

29　水俣市・水俣病センター相思社

測定器フォンフライを使った触覚テスト。

スーパー　フォンフライ（触圧覚計）

二宮、浴野が緒方を検査。

二宮の声「この先で、緒方さんの指を触って、人さし指の表面が触ったとか何か変化があったら、『はい』っちゅうてちょうだい、いい？」

緒方、あおむけで聞いている。

緒方「はい」
　フォンフライで検査される緒方の指先と、緒方の顔のスプリット・スクリーン。
二宮の声「ほんなら行きます」
　緒方の右手人さし指にフォンフライの先の繊維がおろされ、たわむ。
緒方「（無反応）」
　二宮、フォンフライの先を緒方の右手人さし指から離す。
二宮の声「楽にして」
　二宮、フォンフライの先を緒方の右手人さし指に近づける。
二宮の声「ほんなら、次、行きます。わかったら、『はい』っちゅうて」
　二宮、フォンフライの先を緒方の右手人さし指におろす。
緒方「『はい』」
二宮「楽にして」
　検査が続く。

× × ×

二宮「ほんなら緒方さん、左手の人さし指を触りますんで」
　左手人さし指の検査。
緒方の声「『はい』」
二宮「楽にして」
二宮「触ってわかったら、『はい』っちゅうてちょうだい」
緒方「（無反応）」
　フォンフライによる検査が続く。
緒方「（無反応）」
二宮「楽にして」

× × ×

　二宮、二点識別計による検査を説明。

スーパー　二点識別計

二宮「緒方さんね、これでいろんなのを出しますんで、一か二かで答えてちょうだい。いい?」
緒方の声「はい」
二点識別計が触れる緒方の右手人さし指とあおむけの緒方の顔のスプリット・スクリーン。
緒方「二」
二宮「はい」
二宮、二点識別計で、緒方の人さし指に触れる。
緒方「(首をひねり) 二」
二宮「次、行きます」
二点識別計による検査が続く。

×××

二宮、目隠しをしてあおむけになっている緒方の下唇に二点識別計を触れさせる。
緒方「(指で一本を示す)」

×××

二宮「緒方さんが触ったって初めてわかるっちゅうんが、これなんよね」
二宮、フォンフライの先を緒方の人さし指におろす。
二宮「触って初めてわかるっちゅう」
二宮、加わる力が小さな、別のフォンフライを緒方に見せ、指に触れる。
二宮「要するに、ほかの人は、これで、あ、触ったっちゅうんがわかるわけ」
緒方「ああ」
二宮「これだけの圧の違いなんや」
緒方「見ててもわからないです、これは。触ってるのは」
浴野、緒方に説明する。
浴野「緒方さんね、感度が落ちても小さいときだから、ずっとそれだから、感度の鈍さで今まで人生やってきてるわけよ。だから、ほかの人より苦労が多かったと思うし、いろんな問題点あったかもしれんけど、わからなかった。

　もう一つ。右と左の人さし指と口、別の場所が全部同じように（感度が）落ちてた」

緒方「ああ、そうですよね」

浴野「そういう病気はないのよ、水俣病しか。だから区別がつくのよ、他の病気と。ここ（指先）だけがやられとる病気いっぱいあるねん。今までやったら、手の先だけがしびれる病気は山ほどあるからみんな診察しよったけど、ここが（右手指先）がやられて、ここ（左手指先）がやられて、唇という場所をやられたら、脳のある特定の広い範囲がやられとるという証拠になるから、それがわかればどんな（検査）方法でもいいわけ」

二宮「劇症患者とか、もうこんなになる人（激しく手が震える様子）やったら、そら素人でもわかるわ。素人でもわかる。ところが、多分、水俣病、メチル水銀っていうのは、感覚系だ。触ったりとか、見たりとか、匂いをかいだりとか、そっちのほうの病気やから、外見じゃわからんもん」

緒方「私も今、高血圧で血圧の薬をずっと飲み続けとっとですけども、よく考えてみれば、かなり濃い口なんですもんね。例えば、食べ物。刺身なんかにも真っ赤っかになるようにしょうゆをぶっかけんと自分の好みの味にならん。

　やっぱり、そういうふうに、食生活が濃い、塩辛いものを好む日々がずっと続いたために、自然と高血圧になったのかなちゅう考えても不思議じゃないですね」

30　水俣市・一室
　緒方、課長らに着席を促す。
熊本県庁からやってきた谷﨑課長、担当者A・B。
谷﨑課長「私、水俣病対策課の課長をいたしております、谷﨑と申します」
スーパー　熊本県水俣病対策課長　谷﨑淳一

〈タイトル〉

2006年8月1日　行政不服審査で熊本県が提出した棄却理由書に以下のような文言があることに緒方さんは気付いた

「そもそも、視野は、検査方法や被検者の環境、人格等機能的要因によって影響を受けやすく……」

この「人格」によって検査結果が信頼出来ないかのような文言の指摘を受け、県の担当課長が水俣に謝罪しに来た

31　同

谷﨑課長「今回の件につきましては、本当に、あの、人間として忘れてはならない人権の意識という……」

緒方「すいません、もうちょっと大きな声でお願いします」

谷﨑課長「あ、あの、本来、忘れてはならない人権意識ということを、本当に……忘れてしまって、今回のような回答をしてしまったということにつきまして心から反省いたしておりますし、自分自身でも本当に情けなく思っております。心から反省をいたします。改めておわび申し上げます。申しわけございませんでした」

緒方「このことは、きのう、きょう始まったわけじゃなくて、具体的には五年前、潮谷（知事）さんに私は直接、勇気を持って訴えたわけですよね」

〈タイトル〉

5年前にも県の書類の中で緒方さんの職業欄に「ブラブラ」と書かれていた事件があった

32　同

緒方「その後、私に対して何回謝罪してますか、熊本県は。二十数年前、偽患者事件がありましたよね。それは過去のことのように今思っていらっしゃる方が多分おられると思うんですけども、やはり、無意識の中にも偽患者扱いをされてるわけです。医学の場でなぜ人格云々が出てくるんですか。私の人柄が医学で何の参考になるんですか。それよりも、事実を隠そう隠そう、罪から逃げたい、逃げたい一心で焦点をずらしたわけですよ、水俣病の。

そもそも、私がその申請をしたときに熊本県は、私が提出した毛髪水銀値と手紙を誰かが削除しとっとですよ、判定委員会に行く前に。それは全部、判明してます。そんなことをあなたたちはやっとっとですよ。ところが、熊本県は何と言ったと思いますか。今になれば、そのときに担当した人がいないもんですから、事実はわかりませんと。あなたたちは他人事だからそれでいいんですけども、本人はどうだと思いますか。そのことで一生が左右されっとですよ」

緒方の後ろにいる出席者も発言。

スーパー　叔父　緒方正人

正人「あなた方の謝罪というのが、外側に向けられたポーズでしかないんじゃないかと。敗訴した裁判で主張した言い分を、ここで持ち出すこと自体が問題じゃないですか。感覚、麻痺してんじゃないかと」

県の担当者A「もう少し緒方さんの個人的なことを考えれば、人格について、まあ、もう少し考慮に入れなければいけなかったと」

県の担当者B「行政の常として、やはり前に使ったものを引用するっていうのは非常に安心感があるといいますか。前に関西訴訟の控訴審で出した準備書面、以前にも出たことがあるということが頭にあったもんですから、さらに、全く疑問に感じることなく、またさらに、次の段階でどういうふうに感じられるかというようなことを考えることもなく、疑問を感じることなく引用してしまったというのが正直なとこでございます」

谷﨑課長「正直申し上げて、水俣病対策ということで課長を拝命したときに、本当に大きな問題を自分自身抱えていくという思いが、本当に畏れという思いがありました。何とかこの問題に直接向き合わないかんという思いだけが、今はしております。

　そういう中から、何が自分にできるかということを、もう一遍、問い直してみたいと思います」

県の担当者B「こうやって話を聞いて、共感してる自分がいるんですが、一方では机の上で、要するに、何ていいますか、日常の仕事といいますか、そういうルールに縛られて、書類を一つ一つこなして印鑑を押してる自分がいます。恐らく、今の自分とそのときの自分と、こんなに離れてる自分がいるんだと思いますね」

出席者Aの声「あなたたちは、本当の救済というのを何か間違ってらっしゃいませんか」

谷崎課長の声「そこを聞かせてください。はっきり言って、わかってないと思います」

出席者A「緒方さんの救済というのをどう思ってらっしゃいますか。お金だと思ってますか。あなたたちは勘違いしてますよ。緒方さんとか、私たちの気持ちがあなたに届かないから、国にも届かないんですよ。まず私たちの痛みをあなたが受け止めなさいよ。それで国に持っていきなさいよ。それが仕事でしょう。終わります」

　出席者A、うんざりした表情。

○前田美千雄／新たな〝水俣病〟の症例

33　大阪府松原市・阪南中央病院・一室

　二宮が男性を伴って、浴野が待つ一室に入ってくる。

浴野「はじめまして、浴野です」

二宮「私と一緒に共同で研究してる浴野さん」

　浴野、名刺を前田に手渡そうとする。

前田「あ、そうですか。きょうね、名刺うっかりして……」

　スーパー　化学薬品製造業　前田美千雄

浴野「これ（名刺）は古いやつなんですけども連絡先で。浴野《えきの》という字がなかなか読めないと思いまして」
前田「ああ、そうですか」
〈タイトル〉
業務で有機水銀を製造中に発病
水俣病と同じ症状を訴えている

34　同
　浴野、前田の前に座っている。
浴野「まず、最初起きたとき、どんな感じだった？」
前田「起きて、まず目がおかしい。目が見にくい」
浴野「目が見にくい？」
前田「何かちらちらするような。要するに、視野が狭くなってますから変な感じなんですよね。周りはぼやっとしてるでしょう」
浴野「周りがぼやっとしたんですか」
前田「ぼやっとしてるから、変なんですよね。そしたら、今度は手がしびれてるんですよ、ここら辺がね。だんだんそれはひどくなってきて、ざらざらしてきたんです、指が」
二宮の声「ざらざら。ちょうど皮下に砂が入ってきた？」
前田「ざらざら。ちょうど皮下に砂が入ってる感じなんです」
浴野「皮下に砂が入ってるような感じ？」
前田「これは今でもそうなんですけど、今でもずっと」
浴野「今もそうですか」
前田「うん」
浴野「口の周辺はしゃべりにくいとか何とかはなかったですか」
前田「それはなかったですね。ただ、舌が。舌の表面に何か、何ていうかな、油がついたような。すき焼きの古い、ちょっと冷えたのやると舌がこう」
浴野「あ、舌につきますね」
前田「ああいう感じなんですよ。それから耳はやっぱり、ちょっと遠くなったです。遠いというか、人の言葉が聞き取りにくくなった。アナウンサーの言葉はよくわかるんですけどね。ドラマみたいなときのは聞き取りにくいですね」

浴野「音は聞こえるけど、言葉の……」
前田「そう。言葉がわかりにくいんですよ」
浴野「わかりにくい」
前田「先生の言葉はよくわかりますよ、今。だけど、その人によってね。家内の言葉が聞きにくくて困ってるんですよ」
浴野「ハハハ。奥さんのが」
前田「どうも聞き返すんですね。話すのが億劫になっちゃって、ハハハ」
前田の横で聞いていた二宮も質問。
二宮「前田さん、有機水銀をつくる前に水俣病の話とかいうのは？」
前田「それは聞いてますよね」
二宮「聞いてますよね。メチル水銀かもしれないというのは聞いとった。聞いとってわかっとったけど……」
前田「わかってたけど、ちょっと油断したんだ。
薬品でも非常に毒性が強くてというのがたくさんあるんですよね。みんな、大したことなかったんですよ」
浴野・二宮「ハハハハハ」
前田「ハハハ、だから……」
浴野「メチル水銀は予想よりもひどかったと」
前田「つい油断したわけですよ」

×××

浴野、前田を検査。
浴野「物は一応はっきり見えると」
前田「ええ」
浴野、手の指を二本立てる。
浴野「これ、何本ですか」
前田「二本」
浴野「二本ですね」
浴野、手の指を三本立てる。
浴野「これは？」
前田「三本」
浴野「わかりますね。ちょっと眼鏡を外していただけますか」

前田、眼鏡を外す。

浴野、先が白い指示棒を右手に持つ。

浴野「僕の鼻を見とっても、これ（指示棒）が動くの、わかりますよね」

前田「こっち（指示棒）は、わかります」

浴野『これ（指示棒）が（前田さんの視野の）後ろから現れてきます」

前田「ええ」

浴野「現れてきたら『はい』って言ってください」

浴野、前田の顔から少し離れたところで指示棒を持ち、前方へ動かす。

前田「『はい』」

浴野、指示棒を前田の口元の少し下あたりに持ち、上へ動かす。

浴野「これは？見えてきたら『はい』って言ってください」

指示棒が前田の目の前あたりに来る。

前田「やっとちょっと……下、悪いですわ。ひどい」

浴野「下が悪いですか」

前田「ええ」

浴野、前田の顔の前で指示棒を動かす。

浴野「僕の鼻を見ながら……これはもうわかりますか。白いの、動いてるの」

前田「ええ、わかります」

浴野、指示棒を少し下にずらす。

浴野「これは？」

前田「……」

浴野「見えないね」

前田「見えない」

浴野「かなり、かなりはっきりしないね」

浴野に代わり、二宮が前田の前に座る。

二宮、自分の左手人さし指を前田の顔の前に立てる。

二宮「前田さん、指を見とってね。もう一本こっちに指（右手人さし指）を立てますからね。今、一本か二本か、わかります？こっち（右手）側の指が」

前田「（指が）動いたらわかるけど、じっとしてるとわからないです」
二宮「一本か二本か、わからん?」
前田「ええ」
二宮「一本か、これ、(右手の指)二本ね。ここ(左手人さし指)を見ながら、こっち(右手の指の数が)が一本か二本か聞きますよ」
前田「いや、わからないですね」
二宮「これ、何本かわからん?」
前田「ええ」
二宮、左右の人さし指を一本ずつ立てている。
二宮「ここはわかります?一本か、二本?」
前田「ええ……一本ですか?」
二宮「うん」
二宮、右手の指二本を立てる。
二宮「これは?」
前田「……」
二宮「ここ(左手の指)見とって、こっち(右手の指)側。わからん?」
前田「わからない」
二宮「はあ。あるんはわかりますよね?」
前田「ええ」
二宮「あるんはわかるが、わからんのね」
前田「ええ」
二宮「はあ……い、いいですよ……わあ」
浴野「意味がわかる。二宮の言う意味がわかる」
二宮「ああ……」
二宮に代わり、浴野が口を開けた前田の喉あたりに医療用ペンライトをあてて診る。
浴野「『あー』って、声出してください」
前田「あー」
浴野、前田の両手の震え具合を診る。
前田「やっぱり、ちょっと震えますね」

×××

浴野「まず、右手を真横に伸ばして、(自分の)鼻をぽっと(右手人さし指で)押さえてください、軽く」
前田、やってみるが、できない。

前田「……フフフ。これが、すっと行かない」
浴野「行かないですか。もう一度、手を（真横に）伸ばして、すっと（右手人さし指で鼻先を）押さえて」
前田、手の震えでできない。
浴野「苦手ですね、これは」
前田「……フフフ、ちょっと……」
前田「ハハハ、ええ」
浴野、少し離れて前田と向かい合って立つ。
浴野「綱渡りをするみたいにして真っすぐ（歩く）」
前田、前に進もうとするが、ふらつく。
前田「ちょっとこれも難しい……」
前田、再度やってみるが、ふらふらする。
浴野「できないね」
前田「できない……フフフ」

○水俣病研究・過去との決別

35　熊本市・永木宅・外観
スーパー　熊本県熊本市

36　同・永木宅玄関前
浴野、二宮、永木宅の玄関を入っていく。
浴野「こんにちは」
永木の声「こんにちは。どうぞ」
浴野「お邪魔します」

37　同・永木宅内
浴野、二宮、居間に入っていく。
浴野「浴野です」
永木「浴野教授。適当に座ってください。何を言うてるかわからんかったもんですから」
座卓に座っている永木、出迎える。
スーパー　神経医学者　永木譲治
永木の妻も出迎える。
妻「汚いところで」
浴野「いえいえ、はじめまして、浴野と申します」
妻「お世話になっております」
永木「本当、水俣病、最高裁で何になってよかったですな」
浴野「永木さんの論文、引用しましたよ。衛藤と宮川が信用できんっちゅう」
永木「ええ、そうです」
スーパー　衛藤光明（国水研所長）
宮川太平（熊本大学精神神経科）
永木、本棚の何かを探している。
妻「忘れるんですよ、何か」
浴野「だから、今、永木先生が覚えとられる間に、具体的な数字なんですけどね」
永木、ファイルを浴野たちの前に置く。
永木「これかもしれん。これが健康人八例と、水俣病八例の全データです」
浴野「これ、これ、これ。じゃ、これ、いただいて帰って、調べてよろしいですか？」
永木「ええ、結構です。見てみてください」
浴野、二宮、永木のデータを熱心に見る。

〈タイトル〉
永木医師は「末梢神経説」を以前から痛烈に批判してきた

38　熊本市・陣内病院・診察室内
川上が検査を受ける。
スーパー　未認定患者 川上敏行
看護師「ゆっくり（診察台に）上がってくださいね、川上さん」
看護師、川上の足に計測機器をつける。
永木の声「電流が……」
看護師「じゃ、川上さん、ちょっと電気が行きますよ」
川上の声「はい」
モニターにデータが表示される。
看護師「これが結果になります」

39　同
永木が検査データを見ながら、川上に説明。
永木「川上さんの値が、四・五マイクロボルトですんで、年齢によってこうですけどね。ところが、川上さんは八十一歳でちゃんと正常値が出てるから、末梢の知覚神経は正常であると」
川上「ははあ。末梢は正常であるという意味ですか」
永木「正常。末梢神経が原因じゃなくて、中枢性っていうんですね」
川上「最高裁の判決をとって一年半。これから、途端に四千幾らの新しい患者さんが今、またいてますから」
永木「認定するためには、認定審査会といって、あそこで検査するんですが、あの検査で、きょうした電気刺激、あれさえするとすぐわかるんです。それさえもしとらんですよ。だけん、医者の怠慢っちゅうか、医学者の怠慢です。医者たちが、いかにインチキ医者ばっかりがおったかっちゅうことですね」

40　同

浴野、二宮、永木に話を聞く。

永木「当時は、そういう末梢神経の研究は動物でないとできんだった。というのは、神経を取り出さんといかんもんですからね。それだけん、これは人間でひとつやってみようやないかなと思って」
二宮「コントロール（対照群）はどういうふうにして選んだんですか」
永木「それは知っとる熊本の……だけん、おふくろも」
浴野「それで差がないという、電気生理的にもないし、病気もないとか」
二宮「でも、結構、末梢があるか、ないかとかいう話っていうのはあったわけでしょう、昔も」
永木「だけん、あることにしてしもうたわけですね。だけん、ないというものを交えて議論しようっちゅう発想が全然なかったように、僕は思いますね」
浴野「末梢神経がやられてないという討論は、全然無視ですか」
永木「無視、無視。無視よりも、何か犯罪者扱いでしたね」

41　水俣市立総合医療センター・外観

42　同・中

壁に「講演『水俣病（メチル水銀中毒症）の科学』教授 浴野成生 先生」の貼り紙。

浴野「今までは学生の前とか医学展とかそういうところでしか話してきてませんでしたけども、今回、日本でこういうプロの前で話すの初めてなもんですから、非常に楽しみにしてます」

浴野の話を聞く医学者たちの中に衛藤がいる。

スーパー　国立水俣病総合研究センター所長
衛藤光明（末梢神経説 提唱者）

浴野「私が一九九二年に論文を書こうと思い立ったとき、いろんな論文に当たりました。一番最初に当たったのが、ハンター・ラッセル症候群の大もとと言われてるハンター・ラッセルの一九四〇年の論文です。彼は何て述べてるかといったら、『四肢、唇や全身の異常感覚』。しかし、ここに赤い字で書いてます。『手指や足の指の痛覚や触覚は正常』。これ、非常に貴重なことなんです。確かに、ハンター・ラッセル、最初のときは、末梢神経がやられとるって書いてるんです。十五年後、十四年後の論文では、私たちは誤ってたと。これは論文を読んでもらったらわかりますけど、末梢神経がやられた証拠が、痕跡がないんです。

私たちは、僕も針と筆でやってたんです。実を言うと誤診してたんです。針と筆で末梢がやられてると。

わかりよったら、『はい』って言ってください。鈍くなったら、『はい』って言ってください、これやってたんです。みんなやってたと思うんです、僕も含めて。これを読んですごいショックでした。ええ、一体あれは何だと。

衛藤先生は衛藤先生なりの判断でされて、結論出されてたわけですから、その過去を今どうこうとは言いません。これから先、僕はそれを利用してやっぱり、次のステップですね。竹内先生にも直々に申し上げました。私たちは私たちの仮説で次のステップに行きますと。

実は、裁判の弁護士もいまだに信じてない。誰も信じてない。左翼の人も信じてない。それから国からも嫌われとる。大学からも嫌われとる。孤立無援ですよ。だけど、学問上は非常に面白いと思ってる、僕は、これは」

43　宮澤宅

宮澤がインタビューに答えている。

スーパー　水俣病研究家 宮澤信雄

宮澤「メチル水銀によって冒される、責任病巣はどこかということで、それまでは、感覚障害は末梢神経障害によるんだということをずっと言ってた。原田（正純医師）さんもそうでした。みんなそうでした、我々もそうだ。ところが、浴野さんが、いや、それは違うと。末梢神経がやられるって言ってるのは日本の学者だけだ。だって、すごいことを、コペルニクス的な展開を水俣病について浴野さんはやったんですよ」

監督の声「衛藤さんは？」

宮澤「衛藤さんだけは、まあ、中枢もだけど末梢がっていうことを、まだこだわってますね」

監督の声「認めたくないんですか」

宮澤「認めたくない」

監督の声「意地があるんですか」

宮澤「意地があるんです」

監督の声「けっ」

44　熊本大学医学部・研究室内

二宮がインタビューに答えている。

スーパー　熊本大学医学部 二宮 正

二宮「別に私たちだけじゃなくて、実は水俣病の医学をやっとった人、全員が何か不思議には思っとったのは思っとったの。末梢神経障害でしかこういうパターンが、そういう報告が、今まで、過去の医学の歴史にほとんどなかったんですよ。だから、それで流れていった。で、何で、例えば国のほうの椿さんなり、井形が末梢神経で四肢の感覚障害が起こったとちゅうたのは」

スーパー　椿 忠雄（新潟水俣病を確認）
井形昭弘（元鹿児島大学長）

二宮「スモンをやっとったんね。その前に、スモンの研究とか、らい病の研究。全部末梢神経がやられて、手足の感覚障害が起こるのを水俣病の前にやってるんですよ」

スーパー　スモン＝薬害による末梢神経障害
らい（ハンセン病）＝らい菌による末梢神経障害

二宮「それで、水俣病が同じように、例えば四肢が来たもんで、ぽっとそのままもう末梢神経に入ってていっちゃうちゅうんが全部の入り方なんですよ。末梢神経（障害）っちゅうのは、反射がなくなるっちゅうのを彼らは知ってるんです。知ってるから、反射がなくなった人は（末梢神経障害の）可能性があると。反射がある人は、これは末梢神経障害じゃないから、もうその時点でばっと切っとるんですわ、一つの症状の人は。ほとんどがみんな切られてしまう。末梢神経（障害）っちゅうことで決めたもんやから、八割が切られてしまうと。末梢（神経）がやられてない人たち、それだけで、排除されてた人たちが、こっちのほうが実は水俣病やったんやと。八割方が水俣病という、逆転現象みたいな感じになったということなんですよね。

で、それを認めてしまうと、今までも一個の症状で、全部切ってきた八割以上の人が全部ひっくり返ってしまうとこの怖さっちゅうのが、多分一番の恐怖感なんでしょうね。本人のメンツですよね」

監督の声「メンツ」

二宮「医者一人とか、いろんな人の、自分の生きてきた中で……。原田さんも中枢っちゅう言いますけども、それでもいつも自分は間違ってないっちゅう言い方に落ち着いてしまうっちゅう。

国にしてもメンツですわね。今までやってきたのが間違っとったって言ったら、それはもう収拾がつかんとか何とかいうメンツがあるし。逆の立場の人たちもやっぱり、専門家ってお互いに言われてきとるのがね。
　そういう意味じゃ、関西訴訟がすごかったのは、永嶋先生（弁護士）が一審と二審で明らかに間違ってましたっちゅうのを言ったからね」

　スーパー　永嶋里枝弁護士
　（関西訴訟弁護団）

二宮「中枢と末梢を間違ってた、全く説を変えますっちはっきり言えたからね。どれくらい潔さを取り切るかみたいなことなんですよね。
　結局、国もメンツとるし、学者もメンツとっていたら、時代の中でこのままずるずるずると埋もれるしかないいんやろうなっちゅう気がしますけどね」

○緒方正実／赦し

45　水俣病センター相思社内
　録画されたニュースがテレビから流れている。
　緒方、監督、見ている。
ニュースの音声「何度となく苦しみを訴えてきた緒方さんに県から返ってきた答えは、望んだものとはほど遠いものでした」
　ニュースの中の緒方、交渉の場でかっとなって立ち上がり、ボールペンを投げつける。
ニュースの中の緒方の声「幾ら私をこけにすればわかるか。きれい事ばっかし言って。結局は自分たちを守っとるだけやがな、あんたたちは」
ニュースの音声「知事独自の判断での処分を求めましたが……」
　緒方、流れるニュースを見て話す。
緒方「一月の交渉のときです」
ニュースの音声「法律的に難しいと拒否。次回に知事の考え方を伝えるという……」
監督の声「珍しいですね、緒方さん、こういう怒りをあらわにするのは」
緒方「初めてでした。これで、がっと変わったんですけどね。この後、認定になったときのニュースがたしか」
　ニュースで会見する潮谷熊本県知事。

ニュースの中の潮谷知事「緒方さんご自身になって考えたら、本当に私は腹立たしくって、耐えられない」

ニュースの中で話す熊本県環境生活部
村田信一部長。

ニュースの中の村田部長「ベストの選択ではないのかもしれないけど、ベターの選択としてどういう道を我々、訴えるのかというのが……」

ニュースを見ている緒方。

緒方「この人にボールペンを投げたですたいね。要するに、救済してやりましょうというような雰囲気を見せたもんですから。

結局、私の一人の問題じゃないんですよ。私をどうするかによって、水俣病をどうするかになってるから、やはり切り捨てることもあり得るって思ってました。認定されても、なぜ認定されたのかっていうのが、理由が欲しいわけですよ」

別のニュースがテレビ画面に流れる。

ニュースでのアナウンサー「きょうのトップニュースです。国の行政不服審査会から棄却処分を取り消すという逆転裁決を受けた水俣市の緒方正実さんを潮谷知事は、きょう、水俣病と認め、緒方さんに伝えました」

ニュースでの緒方の声「私の人生の四十九年間の、やはり水俣病に被害され続けてきたさまざまな思いが私の頭に今、よぎっているところですね」

ニュースでのアナウンサー「ところで、緒方さんは一九九五年の政治決着以降、認定申請を四回しましたが、いずれも水俣病ではないと熊本県から棄却されていました」

ニュースでの潮谷知事「いずれも、52年判断基準に基づいて判断された結果と。もし責任を問われるということでありますならば、現知事としての役職にある私が全責任をこのたびのことは負いつつ……」

緒方、ニュースを見ている。

緒方「ただ問題は、なぜ認定したのかというのがやっぱり私の中にはあったもんですからね。それを聞くまでは喜べないというのがあったです。行政不服審査会の裁決に従ったというふうに説明してきたんです。『ということは、今までの四回は過ちだった、熊本県の判断は間違いだったということになるんですね』って言ったら、『はい、そうなりますね』って言ったんですね。

補償を形にされたときに、全て赦せるかといえば、そうじゃないわけですよね。補償とかそういうのは、相手に被害を与えたならば、これは当然のことですから。赦す、赦さないは別問題ですからね。

補償を手にしたから赦すきっかけになったんじゃなくて、補償という形で謝りますよ。何度も何度も来るたびに謝ります。ですから、その姿を同時に見ていますから、やはりそういう気持ちに私は自然となって……」

46　同

取材者たち、チッソの網中室長がいる中、緒方が入ってくる。

スーパー　チッソとの協定書 調印式

網中室長「ご家族の方にも本当にご迷惑かけまして、また改めておわびを申し上げます」

スーパー　チッソ株式会社
水俣本部患者センター室長
網中貫一良

網中室長「きょうは、先日お預かりしております協定書に会社の印、終わりましたんで、お持ちしました。よろしくお願いします」

「協定書」の最後のページには緒方、チッソ株式会社、それぞれの記名押印がある。

網中室長「協定いただきました内容で、これから先は信義をもって、誠実にこの協定を履行させていただきますので、よろしくお願いいたします」

緒方「私もこれを、きょうをきっかけに、チッソを私の水俣病の被害に対して、赦していく日となりましたので」

網中室長「ありがとうございます」

緒方「ですから、一気に進むかどうかわかりませんけども、少しずつ私が生きてる間に全てを赦せるように、私も努力していきたいと思います」

網中室長「ありがとうございます」
緒方「ただそれは、やはり今後のチッソの対応とかそういうことにかなり影響するだろうと思いますので、私一人の問題だけじゃなくて、今、救済を求めている多くの人たちに対して、一人でも多くというか、一人も取り残さないように全力でしてもらいたいと思います」
網中室長「誠心誠意努力はさせていただきますので、お願いいたします」
緒方「どうも、きょうはありがとうございました」

47　同

網中室長が帰った後、緒方が会見。

取材者の声「実際に、手続がこれで一応終了したことになりますけれども」
緒方「いつの日かやはり、赦す日が来ればいいというふうに実際、正直思っていたもんですからね。恨んでも恨んでも恨み切れないという中でも、いつかやはり、自分が生きているうちに赦せるような出来事が起きればなというふうにずっと思っていたもんですから、それがきょうの日じゃなかったのかなと思います」
取材者の声「ずっと気になってたんですけど、右手のけがですね」

緒方、右手親指に包帯を巻いている。

緒方「仕事場で、作業をしている最中に電気のこで、親指の爪から先を斜めに切断するけがを負ってしまったわけです。そんな大きなけがをしたにもかかわらず、痛みがほとんどなかったんです。出血も大量にあって、出血にびっくりしたぐらいで。
私は生まれたと同時に水俣病に被害されたから、自分の体のどれが正常なのか、まず基準がわからなかったもんだから、私の感覚障害自体が異常ということもはっきりわからなかったわけですね。しかし、今度けがしたとき、痛みをほとんど感じなかったということが、自分の中で感覚障害の程度というか、それに気づかされたというかですね」

○川上さん、再び裁判へ

48　熊本地方裁判所
　川上さんと四人の弁護士たちが、歩いてくる。
　スーパー　熊本県熊本市　熊本地方裁判所

〈タイトル〉
川上さん夫妻は最高裁で勝利した後も一向に認定されないため新たな裁判を提訴した

49　熊本県弁護士会館・記者会見室
　川上、弁護士たち、会見用テーブルに着席。
　スーパー　認定義務付訴訟　原告 川上敏行
中島弁護士「知事に対して水俣病であるということを義務づける、認定せよという義務付訴訟が柱になっております」
取材者の声「川上さん、やはり最高裁で闘って勝ち取ったら、当然、行政が水俣病と認めてくれるということを期待して闘ったのに、やはりその後三年間も認めないというところが、どうしても納得いかないと？」
川上「そうですね、それもあります。もう幾らやっても、どこの誰の責任か、三十四年も放置するというのは。行政と司法は違うってそればっかり言うわけですね。52年の判断条件っていう難しい判断条件が少しは崩れてくるやろうと、門戸が開かれるやろうという思いから、生きとる間に何とかしてほしいと。もう死んだら何も要りません。そういう気持ちです」
取材者の声「川上さんも奥さんも、今の病状はどういう感じですか」
川上「どういう感じかって。『川上さん、しびれとるんか』って医者が尋ねるんやから。私は素人やもの、どうっていうのは言われんがな。それで、震えがきたり、ひきつれがきたいうて、この前もあんたにも話したように、夜半に道を歩いてたけど、ひきつれがくれば歩かれんがな。それで、肋骨も三回折りましたがな」

井上弁護士「末梢神経が障害されてたら、大脳でこっちがしびれてるってわかるんですけど、大脳が損傷されてるときには、自分が感覚障害というのはわかりにくいというか、わからないという。ですので、本人に聞いても……という部分が」

中島弁護士「検査して初めて衰えてることがわかるわけですわ」

50　大阪市・某大学内

暗い室内。

川上、診察台にあおむけになっている。

川上の側に立つ浴野、フォンフライを持っている。

浴野「検査をします」

川上「はい」

浴野、フォンフライの先の赤い繊維を自身の指先に押して見せる。

浴野「今、押したときにこの赤い毛が曲がりますね。曲がったときに、10グラムの圧力がこの先端にかかってるということを意味しております。これがわかったときに、『はい』って言ってください」

川上「はい」

検査全体、フォンフライがおろされる川上の人さし指と検査結果データのスプリット・スクリーン。

浴野「では行きます」

川上の左人さし指に、100グラムの圧。

川上「『はい』」

左人さし指に、60グラムの圧。

川上「『はい』」

左人さし指の検査が続く。

×　×　×

浴野「リラックスしてください」

左人さし指に、26グラムの圧。

川上「『はい』」

浴野「いいですよ。これで今、人指し指が終わりました。今度、親指行きますからね。リラックスしてください」

浴野、川上の左親指をほぐす。

左母指、左前腕、左額の検査、右額の検査の様子とデータのスプリット・スクリーン。

× × ×

右口唇の検査。

浴野「行きますよ。わかったら、手挙げてください」

川上『『はい（左手を挙げる）』』

浴野「三遍かな。深呼吸しましょう。大分集中したから」

説明する浴野と、川上の検査データのスプリット・スクリーン。

浴野「メチル水銀で脳の細胞が減っていくと、決まらんのよ。そしたら、このやろう、何で早言わんねやと、おかしいじゃないかと。これこそが水俣病なんです。それをやっぱり、これが偽患者みたいなことになると、おかしいのよね。だけん、川上さん、何ではっきり言わんのか。わかっとるんじゃないかとか、こんなのがわからんのかとか言われんやった？」

川上「そう、時々やっぱり言われよりました。物を落として右の親指を骨折して、十四、五日腫れたままで、どうしても腫れが減らんもんやから医者に行ってみたところ、そこが骨折しておるけってギブスはめてくれました。『おまえ、しびれとるんか』って言われたけど、いや、知りませんっていうことで、今までこういうことやってきたんです」

浴野「結局、痛くないということがわからんのよね。これは物すごく難しいのよ。普通ならけがして痛いのに、おまえ、何でわからんのやと」

51　東大阪市・デイサービス施設内

川上カズエが、食事をしている。

スーパー　妻・原告 川上カズエ

監督の声「カズエさんが、ご自分が水俣病になられたでしょう。どんなふうな症状というか、一番つらいのは何ですか」

カズエ、インタビューに答える。

カズエ「症状っていうか、足がかなわんだったり、体がかなわんかったりね。もう自分の体が自由にできませんねんね、やっぱり。しびれてしまって、足も。痛くはないんやけど、しびれて、かなわしませんねん、こうして手もね。ほいで、けいれんがきますねん、こうやってね」

カズエ、つえを頼りに廊下を歩いて、一室に入っていく。

カズエの声「勝ったって聞いたときはうれしかったけど、お金をくれはらんでしょう。勝ったというだけでね」

監督の声「言うだけでね」

カズエの声「ほんでお父さんが怒ってね。もう私はどんなでもええ、こんな年まで生きたからって思ってるけどね。いつ死んでも構へん。もう、苦しい、苦しいから、自分で何でもできないから、早う死なしてくれたらええけどって言いますけど、私は」

監督の声「川上敏行さんと知り合ってよかったというふうに思ってらっしゃるんでしょうかね」

カズエ、インタビューに答える。

カズエ「そうですね。やっぱ、結婚したら、よかったと思って。人がええから、うちの主人もね。優しいからね」

監督の声「本当、もうちょっと長生きしてくださいね、本当に。でないと……」

カズエ「長生きできたら長生きしたいけど、あんた、これ、わからんもんでね」

52　東大阪市・川上宅・外

川上、洗濯物を物干し竿に干している。

53　川上宅・前の道

家の前にとまったデイサービスの車からカズエがおりてくる。川上が出迎える。

川上「ありがとうございました。おおきに」

デイサービスのスタッフ「失礼します」

川上「おおきに」

カズエ「ありがとうございます」
　川上、カズエを支えながら車を見送る。
　川上、カズエ、ゆっくり家の中へ入る。

○故・岩本章さんの脳

54　大阪府松原市・阪南中央病院内・階段
スーパー　大阪府松原市　阪南中央病院
　階段を下りていく浴野たちと村田医師。
浴野「今まで実は、誰もやってないんだということを、それに使わさせていただきますのでよろしいですか」
村田「はい」

55　同・解剖室
　村田医師、浴野たち、解剖室に入っていく。
村田「ちょっと取材つきの……」
　床に蓋つきの大きなポリバケツ。中に脳が保存されている。

村田「伝統的に三十七年間、ずっとここで病理解剖させてもらってるんですよ。これ、以前のポリバケツがずっと……」
　脳がポリバケツの底に沈まないよう、糸で吊り下げ、ホルマリン液中で保存されている。
浴野「きれいですね」
横田（支援者）「これが？　岩本さんの脳？」
村田「章さんの、うん」
浴野「引っ張っておられますね」
村田「形の変形はほとんどないんですよ」
浴野「すごいですね」
　浴野、手袋をした手で故・岩本さんの脳をポリバケツから取り上げ、いろんな角度から見る。
浴野「きれいな……」
村田「熊本県からの依頼で……標本をつくって」
　浴野、円筒の半透明ケースに脳を移す。
浴野「ホルマリン、入れましょうか」
職員「新しいのを」

職員、ホルマリンを注ぎ足す。
浴野「岩本章さん。カルテか何か、もしよかったら、病理解剖の記録と送っていただいて」
村田「症状のやつはあるよね」
二宮「……裁判の……」
村田「臨床経過だけ書いたやつを渡しますわ」
浴野、脳と脊髄を入れたケースをビニール袋に入れて縛る。
村田「新幹線？」
浴野「飛行機は困るでしょう」
村田「そうやね。挙動不審者が何か変なものを持って歩いてる」
浴野、ケースを入れたビニール袋を、量販店の商品袋に入れる。
浴野「これに入れて、これで（風呂敷で包む）」

56 同・廊下
浴野、脳を入れた布袋を手に提げて、村田と話しながら並んで歩いていく。

57 同・一角
浴野、笑顔で話している。
浴野「宝だから、どうやって切っていくかっちゅう。責任重大であると同時に、何か（胸に手を当てて）ときめくものがあるよね、こう」

58 同・一室
浴野、二宮、脳を入れた布袋をテーブルに置いて話している。
二宮「一年半前に亡くなった。もう最高裁が出て勝って……」
浴野「この人も勝ってた？」
二宮「勝ってた、勝ってた」
浴野「岩本さんはどこの？出身は？」
横田の声「丸島」
地図　丸島町　水俣湾　チッソ水俣工場
横田の声「ほんで、建具屋さんやってはった」
二宮「そうか。あのビデオに出てた、あああ」

59　ビデオ映像

スーパー　45年目の水俣病
関西在住患者は今
制作◎関西訴訟を支える会
スーパー　原告患者　岩本章さん（70）

ビデオのナレーション「岩本章さんはチッソ工場の近くで家具をつくっていましたが、発病して仕事ができなくなり、一九六八年に大阪に出てきました」

スーパー　岩本さんが仕事を断念する前に
作った障子と欄間が旅館に残っていた

岩本「もう、一ミリ違うたら、これが二本ぐらい違うんですわ。目が第一やと。目と指が。だから、それができなかったらもうだめなんですわ」

60　大阪府松原市・阪南中央病院内・一室

横田、岩本の妻と息子を案内してくる。

横田「奥さん、来はりました」

岩本の妻「どうも、岩本です。よろしくお願いします」

浴野「浴野です」

二宮「二宮といいます」

岩本の妻「息子ですので」

×　×　×

二〇〇四年十二月十二日。当時、阪南中央病院に入院中だった岩本は、環境省の滝澤部長たちの謝罪訪問に対応した。

スーパー　２００４年12月12日
環境省謝罪訪問

岩本「どんなことをしても私は認定してもらいたい」

61　大阪府松原市・阪南中央病院内・一室

浴野、二宮、横田たち、岩本の妻と息子に説明している。

浴野「今度、これ（故・岩本章さんの脳）をいただくんやなしに、預かってかえって、私、解剖学ですから、正常の人の脳があるんですよ。それと比較してみるという、今、研究といいますか、実験をしてるわけなんです。今まで誰もしてないんです」
息子「あ、そうなんですか」
浴野「それがおわかりになっていただけるかどうか」
息子「末梢神経がいかれてることですか」
浴野「末梢神経はやられてなかったんです」
息子「え？一応、末梢神経が、だから、神経感覚がおかしいということで、ということもあったでしょう？」
浴野「違います」
岩本の妻「また、違うんやて」
息子「え？それは、脳だけの問題なんですか」
浴野「そうです。最初の一審は末梢神経というふうに原告も信じてやったんです。だから、裁判のときに僕が（弁護団に）お願いをしたのは、一審で話した内容が間違ってたんで、それを撤回してもらうなら私は証言しますと申し上げた。すごいことが起こってたんです、実は。そして初めてどんなにやられてるかを調べるという、その、岩本さんが最初です、実を言うと」
息子、複雑な表情。
岩本の妻「すごいね。いろいろ説明しはるのを聞いてたら、すごいなとか思って。大変でしょうけど、よろしく…」
息子「それでも、皮膚というか、末梢神経が突かれても痛くないと感じる……」
浴野「違う。脳がやられてるから感じない」
二宮「だから、最初はそういう話で何十年、五十年間、要するに、ずっとそれできたんですよ。
私たちも最初はそういうふうに思っとったんですわ。ところが、どうも違うなっていうことがあって、それでこういう研究を始めて。この検査っていうのは、実は脳がやられるかどうかの検査なんです。こういうのを今までしてなかったんですわ」
息子「脳をとるって聞いたから、一部からとるんかなと思ってたからね」
岩本の妻「がんのあれみたいに、ちょこちょことってするんかなと」
浴野「いや、それは先ほど申し上げたように、これ、全部調べなきゃ。だけど、みんな結局、怖いんですよ。これを取り上げるってことは、過去の診断が、多分、お父さん、棄却されてると思うんですけど、それが間違った方法で棄却されてたという可能性が極めて高いわけですよ」
岩本の妻「何ていうのかな、物すごく怒りっぽい。今、にこにこ笑ってて、急にぐっと怒りっぽくなって、何か気がおかしくなるって、それもやっぱりある程度の?」
浴野「劇症の患者さんの第一次訴訟の人にはよく入ってます。非常に人格者と言われてたと、昔は。いろんな世話をしてた人が、病気がひどくなったら非常に怒りっぽくなって、何でこんなに性格が変わったのかと言われるようなこともあったと。そういう方もいらっしゃいます。いろんなパターンがあると。脳ですから脳の研究自体があんまり進んでないもんですから」
岩本の妻「くるっとこう、二転、三転、ひっくり返って怖く、ばあっとこうやるときも多々にありましたけどね。それも、そのせいも?」
浴野「可能性、だから僕はまだ研究してる」

62　大阪・岩本宅
　岩本の妻、仏壇の前でインタビューに答えている。

岩本の妻「息子が高校のときやったかな。何かわけのわからんことを私に、お父さんが夜中にわあっと言うてたんですよ。それを（息子が）二階で聞いててたまらなくなって下りてきて、すごく怒ったことがあったんですけどね。何かかわいそう。そのときは水俣病とかまだわかってなかったから、そこまで言わんでいいのにと思うたけど、息子としてはやっぱり、何でお父さんがお母さんをそんなに言うんやろうとかいう気持ちがあったんでしょうね。ぐわって。そしてしばらくしたら収まってと思ったら、もうにこにこ笑ってしゃべってるんですよ。本人はわかってないみたい」

監督の声「わかってないんですか」

岩本の妻「うん。普通に戻ったときに、何てことしたんだろうっていう感じで。

考えてみたら、やっぱり病気だからね、病気がそうさせてたんやなとか思うけどね。してるときはそんなこと思わないもんね。何で、何でとかいうことしか考えてなかったから」

63　大阪府松原市・阪南中央病院内・一室
浴野らが岩本の妻と息子に話している。
岩本の妻「主人は、死ぬまで自分でそんなこと思ってはらへんかった。ただ、末梢神経だけでやってたやろ。亡くなってから初めて、自分の脳でこんなしてなってたっていうことがわかれば、ちょっと浮かばれるんちがう? 今晩でも出てくるんちがうかな。俺の脳を熊本へ持って帰った言うて」
横田「錦を飾れるかわかりません」
岩本の妻「時たま、ちょろちょろ出てきはるから」

64　道
浴野、岩本さんの脳が入った手提げ袋を持って、二宮たちと歩いていく。

65　走る電車内
浴野、横田、二宮、談笑。

浴野、脳が入った手提げ袋にずっと触れている。

岩本の妻の声「『何で俺の脳を勝手に持っていくんや』とか言うてましたね」

66　大阪・岩本宅
岩本の妻、仏壇の前でインタビューに答えている。

岩本の妻「あんたの脳、ちゃんと保管してあるらしいよとかってしゃべっとったんです。その晩に出てくるんです。『何で俺の脳を持っていくんや』とか言うてね。フフフ。

先生たちはちゃんと小刻みにして刻んで調べる

ためにっていう感じで提供したっていう。私らは納得して提供したと思ってはるんでしょうけど、そこはちょっと話が食い違ってましたからね。納得はして……」

スチール　故・岩本章

岩本の妻の声「今となったら、本当にうちの主人の脳を提供して、犠牲にして持っていってるんだから、完璧にしてほしいなということはありますけどね」

妻、仏壇の前でインタビューに答えている。

岩本の妻「電話かけながら、こっち向いて『俺の脳、どこ行ってんねん』とかね、そんなふうな話をするんですよ、私に」

監督の声「ごめんなさいね。それは夢の中での会話でしょう」

岩本の妻「そう」

監督の声「ほう」

岩本の妻「あれ、物言うたらだめなんですね。会話したら連れていかれるんですって。ハハハ」

67　駅のプラットホーム

浴野、岩本さんの脳が入った手提げ袋を持ち、ホームから電車に乗り込む。

岩本の妻の声「怖い顔も何もしてない、普通の穏やかな顔して出てくるんですよ」

68　大阪・岩本宅

仏壇の前で岩本の妻、インタビューに答えている。

岩本の妻「今、あんまり脳の話もしませんけどね。ここで初めて、久しぶりにしゃべったからまた出てくるんちゃうかな。ハハハ」

69　走る電車内

岩本さんの脳が入った手提げ袋を持つ浴野、二宮、横田たちと談笑。

車内アナウンス「次は新大阪、新大阪です。新幹線、関空特急はるか、地下鉄線はお乗り換えです」

70　スチール

岩本章の遺影。
海辺に置かれた岩本章の遺影と供えられた花。
スーパー　後日　脳を引き上げたいと
浴野教授に連絡が入った

71　熊本大学医学部・研究室
浴野が説明をしている。
浴野「岩本さんの脳を返してくれっちゅうて」
監督の声「返せ？」
浴野「うん。返したよ」
監督の声「どういうことですか。返してくれっちゅうて」
浴野「夜な夜な化けて出るって。そういうことあるんですよ、よく。だけん、ちょっと返しました」
監督の声「そうなんですか」
浴野「はい」
監督の声「はあ……。返した脳っていうのはどうなるんですか」
浴野「単に焼いて消えてしまうだけなんです」

72　スチール
海辺で亡き夫を偲ぶ岩本の妻。
スーパー　結局 岩本さんの脳は検査されず
灰になった

○研究の協力者・前田美千雄　脳の検査

73　東大阪市・駅
浴野、駅のホームから改札口に向かう。
スーパー　自分の死後 研究に使って欲しいと
前田さんから脳の提供の申し出が
あった
改札口で、浴野をにこやかに出迎える前田。

74　東大阪市・前田宅内
浴野、並んで座る前田と妻に説明。

浴野「お通夜まではご親族でしていただいて、明くる日に、お葬式のときには朝から私がご遺体をもらって帰るということで、奥様、よろしいでしょうか」
前田の妻「そうですか。はい」
浴野「僕としては、できるだけ早く脳を固定したいという気持ちがあるので、もしご家族でご同意できればということで」
前田「私はね、亡くなったら、すぐ提供しますから。だから、お葬式も、お通夜とか考えないで結構です。うちの家族はみんなね、割り切っていますから」
浴野「家族がよければいいんですけど、やっぱりね、顔を見たいと。だから、僕としてはですね……」
前田「出てすぐ側におるっていうのがありますからね。だからもうそれでいいんですよ。後はもう遠いんで」
浴野「いや、皆さん、ご本人はそうおっしゃるけど、ご家族はやっぱり……」
前田「いや、うちの家族はみんなそういうことはあんまりこだわらん。私の性質を大体みんな知ってるし。だから、そんな形式的なことは嫌いなんです」
浴野「わかりました。奥様、よろしいですか」
前田の妻「(苦笑い)」
前田「だから、そういうことだったら、どうでもいいですよ、お通夜も葬式も」
浴野「言うはやすし、行い難しですよね」
前田「いや、もうお葬式もなしでいいです」
浴野「いや、お葬式はぜひしてください。私が弔辞読みますので」
前田「ハハハ……」
前田の妻「もしも、もしも、お通夜とかお葬式をする、この人は要らない言うてるんですけども、もしもするとしたら、教会でするんですわ」
浴野「カソリックか何か?」
前田の妻「聖公会ですけどね」
浴野「教会のところは、また……」
前田「私はね、無宗教なんですよ。教会行ったことないですよ」
浴野「そこんとこ、僕……」
前田「それはね、遺言で書いとかんといかん。書いときますよ」

前田の妻「ハハハ」
浴野「ただ、僕はそこに立ち入りませんから。
　奥さんにお聞きしたかったのは、前田さんの日常生活で一番困ってるのはどういう？見とってこういうことの障害っていうか」
前田の妻「本人自身が見えないですからね。テレビの画面ぐらいしか視野がないわけですからね。外を歩いてて、知ってる人が通ってても気がつかないわけですよね。すっと通っていく。こちらはそうだけど、向こうさんにしてみたら愛想の悪い人だなと思われたかもしれない。結局、視野がないから見えないいんですから」

×　×　×

前田、座敷机で新聞を見ながら、見える範囲をペンで囲む。

前田「本当によく見えてるのはこんなもんですよね。両目で見てもこんなもんですかね。実際に、本当によく見えてるの、このくらいなんですよ」

前田、新聞紙に直径三、四センチの円を描いて視野を説明する。

前田「だけどね、目がちょっと、きょろきょろきょろきょろ動くんですよね。だから、さっきのこの範囲内でもあっちこっちゃすっと動いてるからほかも見えてるわけですよ。

　起きた途端に目がおかしいんですよ。一晩したら目がおかしくなって、手がちょっとしびれたような変な感じ。全部症状が出たんですよ、一遍に。阪大の先生に言っても信用してくれない」

浴野「信用してくれない？」

前田「眼科の先生。主治医の先生はいいんだけど、眼科にかかったとき、その先生が、一遍に、一晩で全ての症状が出た言うたら、『そんなことあり得ない』って。ハハハ。おかしな先生だね。実際、本人がそうだって言ってんのにね」

浴野「ハハハ」

前田「医者だったらさ、新しい事実で興味あると思うのね。それを信じないの。『そんなことありません』って」
浴野「長生きしていただいたら、そのたびに僕は検査しに来ますんで。聴診器とか持ってきたけど、ほかはもうお医者さんにかかっておられるみたいだから、一応、水俣病のほうとの関連の検査だけさせていただいて、あとは脳が楽しみですねって言ったらおかしいけど、ハハハ」
前田「ハハハ」

75 熊本市・魚住クリニック内
放射性同位元素使用室の表示板。

76 同・一室
前田と妻が魚住医師から検査の説明を受ける。
スーパー　魚住クリニック院長　魚住秀昭
魚住「きょうはこちらで脳の働きの様子を検査させていただきます」
前田「はい」

77 同
浴野、緊張した面持ちの前田に検査の目的を説明。
浴野の声「前田さんの脳を生きているときに撮って、目のところの厚さを、こまい細胞がどの程度あるかを調べたいと。そこまでいければ、前田さんも何で手がざらざらするのか、見えにくいのかがわかってくるんじゃないかと思うんですけども」
前田「ああ」

78 同・検査室内
検査室で前田の脳の画像撮影が行われる。
コントロールルームに浴野と技師。

79 同・コントロールルーム
前田の脳の画像がモニターに映し出される。
浴野の声「わからんよね、解析しかない。正常と比較せにゃ」

技師「……っていうのでやっぱりやっていく……」
浴野「コントロールせにゃわからんわな」
　モニターに映される前田の脳の画像。

80　同・検査室内
　検査中、目を閉じている前田。

81　同・コントロールルーム
技師「オーケーですね。以上でおしまいですね」
浴野「お世話になりました」
技師「お疲れさまです」

82　同・検査室内
　検査終了。
技師「お疲れさまでした。もう全部終わりです」
前田「そうですか」

83　同・一室
　浴野が検査について前田と妻に話している。

浴野の声「多分、ポジティブのデータ、僕にとっていいデータが出ると思ってますので」

84　同・別室
　浴野と魚住、前田のCTとPETの画像データを見る。
浴野「CTはやっぱり後頭葉が……」
魚住「後頭葉萎縮……」
浴野「ありますね」
魚住「（PETの画像を見ると）ちょうど中心後回のところは（アクティビティーが）落ちてると」
浴野「これは相対的な、その人の中での比較になるわけですか」
魚住「標準脳との比較です」
浴野「標準脳との比較」
魚住「はい。ところが、ちょっとこの人の難しいところは、CTで見るともう既に後頭葉とそれから」
浴野「（後頭葉と）中心後回、萎縮してるんですよね。この前そうやったですね」

魚住「はい。萎縮がこうやって、脳実質がないと、当然、（PET画像が）こう見えるのは当たり前ですよね。ここ、何もないわけですから。これは半分に割って、右脳を内側から見た視点です。これが左脳を内側から見た」
浴野「これ、萎縮しているのがどこかっていうのが（このPET画像で）わかるって言い方でもよろしいんですね、これは？」
魚住「それは、こっちのほうが……」
　魚住、PETではなく、CT画像を指さす。
浴野「わかりやすいですか」
魚住「わかりやすいです」
　脳のCT画像。
魚住の声「こっちのほうが正確ですね」
浴野「わかりました、これ見たら納得するわけですね、プロは」
魚住「そうです」
浴野「後頭葉と……。これは普通あり得ないことですか」
魚住「ええ。左右対称性でというところがやっぱり、通常の脳血管障害とは違うところでしょうね」

85　魚住クリニック・外

　浴野、前田の検査データを持って監督に説明。
浴野「予測を超えて、非常にはっきりと代謝が落ちとるっていうのが素人の目でもわかる。彼があんまりはっきり言わんやったが、プロだったらもうCT見ただけでここの代謝が落ちてるとわかると。PETを撮るまでもないと。ところが、PETを出すことによって、これを見てわかりますように、口みたいに、口のとこが赤くて、両サイド赤いですよね」
　浴野、前田の脳のPET画像データを示す。
浴野「ここ、後ろ。真ん中後ろの両側が赤くなっとるでしょう。そして、羽根のように二つ赤くなってるでしょう。一番後ろの口みたいなところと鼻のところが、後頭葉というところ。見るところ」
スーパー　後頭葉＝視覚

浴野「この両側が頭頂葉というて、触って感じるところ」

スーパー　頭頂葉＝触覚

浴野「この場所のアクティビティーが落ちてますよというのはこの画でわかるわけですよ。アクティビティーが落ちてるというのは、脳の実質がないんですよ。ないから落ちてると。素人が言ったらもう落ちてるのはこの場所ですねって。だから、プロが見たら、そんなのはCTで見たらもう明らかですよってこと。実質がないから落ちてると。ところが、ここだけが落ちるという病気はないんですよ。血管が詰まってもここだけが両側性に落ちるということはないから、昔のメチル水銀中毒がこういうふうになってると。これ(PET画像)を見ると、よりはっきりわかるんですよね、素人も。わかるでしょう、これ、誰が見たって！」

監督の声「はいはい」

浴野「ここには脳がないっちゅうことなんです。普通の人は脳があるんだけど」

監督の声「顆粒細胞っておっしゃいました？」

浴野「そう。顆粒細胞が多いとこが、ここなんです。だから、仮説のとおりなんですよ」

※浴野先生は現在、このPET結果を科学論文として発表するための準備をしている。

○田中静子・実子姉妹

86　熊本大学・門

看板　国立大学法人熊本大学
大学院　生命科学研究部
大学院　医学教育部　医学部

87　熊本大学医学部・浴野研究室内

浴野、コーヒーをカップに注ぐ。

浴野「クリープがありますけど、クリープ要らん？」

監督の声「いや、私はもう、ブラックで」

浴野「どうかな？」

浴野、コーヒーを味見。

浴野「ちょっと濃いけど、まあ」
監督「いただきます」
浴野「まあまあでしょう」
監督「(コーヒーを味わって) ええ」
　浴野、監督の前に座って話す。
浴野「メールがあるけど、熊大で紛争解決をやってた研究者が、『浴野先生の仕事はすばらしい、感動しました』って。最後に、『しかし、今ごろ、こういうことを表にしたら大変だから、これで封印します』って書いてある、ハハハ」
監督「そんな。封印する。そうですか。はあ……」
浴野「じゃ、行きましょうか」
監督「はい。よし」
　浴野、監督を伴って、移動する。

88　同・山崎記念館内
スーパー　熊本大学医学部　山崎記念館
　浴野たち、一室に入っていく。
監督「これ!」
　ガラス展示ケース内の書籍と脳の標本。
浴野「これ、撮っていいよ」
　浴野、保存されている脳の標本を見る。
浴野「これ、誰かがわかると思うのよね。これ、見てごらん。ほとんどないでしょう、海綿状でしょう。見て。わかる、これ?」
監督の声「うん……ああ、上の。うんうん。何っていうか、軽石みたいに」
浴野「そうそう」
監督の声「すかすかすか。空気孔みたいに穴があいてる」
浴野「そうそう」
監督の声「右側が小児水俣病。つまり胎児性ってこと?」
浴野「これは、多分、田中実子ちゃんのお姉ちゃんじゃないかな」
監督の声「ええ……」
浴野「いいこと思いついた」
　浴野、書籍のデータを示す。

浴野「この子なんよ」
　書籍内のデータ。
例1：田○静○、女（No．1）
発症年令　5年5ヵ月
発病　昭和31年3月下旬
漁業、妹も発病、本人はそれ迄全く健康
監督の声「（データを読んで）発症年齢、5年……」
浴野「一番最初に見つかった人」
監督の声「第一号って言われている？」
浴野「第一号は違うんだけども、本当はこの人が一番最初なんよ。坪谷の田中実子ちゃんのお姉さん」
　浴野、パソコンでデータ番号を確認する。
浴野「ほれ、Tanaka3216。田中静子」
　浴野、冊子のデータを確認して示す。
浴野「3216。大脳があって、小脳が二・八六で、トータル水銀が一・六三五。このときはもうそんなに高くないのよ」
　浴野、脳が保管されている棚を探す。
浴野「5487、4951、3794とかあるでしょう。3209もあるよね。田中静子は、3216だから、ここにないね」
　浴野、脳を保存した容器の一つを棚からとる。
浴野「これの3794。3794はこれ、六歳」
　浴野、手袋をした手で保存容器から脳を取りだす。
監督の声「わ……。うわ。ちっちゃい」
浴野「だけど、そんなに激しくはないよね」
監督の声「きれいな感じします」
浴野「比べたらね」
監督の声「ええ」
浴野「だから、水銀値がそのとき高いからって、脳がそのときにやられとるとは限らんわけ。やられた後に、水銀値が減っていく場合もあるわけだ」

89　同・研究室
　浴野、保存されていた脳を見る。

浴野「これが、人工的に何かぼろぼろになってるのかどうかをスライスして、そして顕微鏡で見えるなら見てみたいけど、このまま切ってもいいいんじゃないかと思う」

90　同

浴野、保存容器から脳を慎重に取り出す。

浴野「大分、ホルマリンがなくなってきとる」

浴野、小さな脳を見る。

浴野「こうだね。ここを切って、その一部を」

浴野、脳を包丁でスライスする。

浴野、脳の断面をピンセットで指す。

浴野「ここが大脳皮質ですね。ここが、皮質の細胞のあるところが茶色になってて、物すごく薄くなっていますね。ここから、茶色に見えてるとこ、厚いとこがありますよね。ところが、ここになってくると、ほとんどないんですよ、これ。ここんとこは白いとこだけで、茶色のとこないんです。ここは少し残ってますね。ここ、ないですね。ここも、この境目もないんです。ところが、逆側を開いてみると、こちら中心前回側になると思うんですが、結構きちっとあるんですよ」

浴野、スライスした二つを広げている。

浴野「これを今から、組織標本にするために取り出します。取り出して、これまた二カ月かけて処理をして染めるわけですが」

浴野、スライスした脳を切り分ける。

浴野「二、三、四、五、六部切ったかな」

声「はい」

91　同・浴野研究室内

ホワイトボードに浴野が描いた脳の概略図と「中心前回」「中心後回」の文字。

浴野「田中静子さんが、初発症状、一番最初のときに御飯茶わんを落とすのよね。とか箸を落とすの、ぽとんと。それでお父さん、怒り出すわけ。それから歩いているときに、靴がいつの間にか脱げている。靴が履けないんじゃなくて、履いてるけど途中で脱げる。その場所はここなんですよ、病巣が。さあ、今、メチル水銀がどの程度その人に影響を与えているか、みんな長期間、わかりませんが、前田さんという方は、メチル水銀を基準として有機水銀をつくっておられた方が、毛髪水銀が三〇〇ppmになったと。さあ、生きているこの人の脳をPETで見てみますと、ここがやられて、そして奥のほうがやられて、そしてここが赤くなってましたと。視覚野とか聴覚野は、見て聞いたときに相手の話していることがよくわからないということが起こると。

そうすると、これは将来的に、もしずっとメチル水銀が世界中でふえていくと、人と人とのコミュニケーションが非常に難しくなると。話をすることが難しくなって討論ができなくなって、討論の後の、もちろんまとめることもできなくなる。民主主義が成り立たなくなる。そういうことはどうしたって、戦争にすぐ行くわけ。もう相手のことがわからなくなっていく、理解できなくなってくるということが起こるので、やはり、水銀は規制していかなきゃ。メチル水銀がどんどん世界中にふえていったら、こういうとこがやられていくと。脳全部がやられてるってみんな思ってたけど、そうじゃないんだという。

ただ、ぱっと見た目、みんな普通に見える。それが脳の一部をやられてるから。前田さんだって脳があんなにやられてるけど、原さんが撮ってるように、まともですよね。非常に知性もあるし、ちゃんと物がわかるし、紳士的だし、何か物すごくスケベになるわけでもないし。なのに脳があんなにやられてるんですよね。それはみんなが言う、ただ単にばかになるとか、おかしくなるんではないんだと。それがわかれば、僕はいかに、水俣病というのは大変な問題なのかがわかっていいんじゃないかと思うんですけどね」

92　水俣市・月浦・坪谷

浴野、水俣湾が目の前にある坪谷の細い道を歩いていく。

地図　チッソ水俣工場　水俣湾　坪谷

浴野「この辺で貝をとってたんだと思うんですよね」
監督の声「ねえ」
浴野「説明要りますよ」
スチール　昔の坪谷
浴野の声「貝の水銀値、すごい高かったんですよ、一九五九年から六十年のころというのは。昔はもっと高かったのかもしれんなと思うて」

93　同・田中実子宅
浴野、玄関から家に入っていく。
浴野『失礼します』

94　同・中
実子、笑顔で立て膝で動く。
浴野の声「きょう、元気？」
実子「うん、フフフ、あー、あー」
スーパー　小児性水俣病患者　田中実子
浴野の声「興奮させたな？」
監督の声「興奮させちゃいけないのか」
浴野の声「いやいや」
実子「あー、あー、あー！」
浴野の声「興奮してるのか」
実子「ううん、あー、うーん」
実子、立て膝で動く。

95　同
浴野、車椅子に座っている姉・綾子に書籍を示す。
浴野「水俣病という本。一番最初ですよね」
浴野、本の内容を綾子に読み、聞き取り。
スーパー　姉（長女）下田綾子
浴野「『たまたま昭和三十一年四月二十一日に、六歳の女児、女の子が劇症状を主訴として新日窒水俣工場附属病院小児科に母親に伴われて来院するに及んだ』これ、静子さんのことなんですよ」
スチール　故・田中静子
スーパー　姉（三女）田中静子
（発症前　三歳頃）

浴野の声「『ところが、その子どもの患者の妹である3歳の女児が』」

浴野、本の内容を綾子に読み、聞き取り。

浴野「これ実子ちゃん」

スチール　幼いころ、病院での田中実子

スーパー　妹（四女）田中実子（五歳頃）

浴野の声「『姉と全く同様の症状を発して、四月二十九日に来院するに至り』」

坪谷の部屋にいる実子。

スチール　当時の坪谷の様子

スーパー　1960年　坪谷

浴野の声「『隣家にも同様症状を呈する患者のいるらしいことを知った』」

スチール　当時の熊大病院のベッドで子どもを看る田中夫妻

スーパー　1960年　熊大病院での田中家

浴野、本の内容を綾子に聞き取り。

浴野「（書籍の写真を示して）これが静子さんの写真なんですよ、つらいかもしれないけど。
最初、茶わんを落としたという話がよく書いてありますよね。ほかにどんな症状があったか覚えておられますか。まだお若かったから覚えておられる？」

綾子「御飯を食べる茶わんをこう抱えて食べろって言うとんのに、抱えっちするけど、落とすとですたいね」

浴野「ほう、抱えようとするけど、落とす？」

綾子「父が何回かぶったんですよ」

浴野「ああ、それで」

綾子「本人も泣いて。（茶わんを）抱えんきらんかったですね」

浴野「抱えたつもりで落としよったん？一遍抱えて落としよった？」

綾子「抱えきらんかった」

浴野「力はなかった？あったけど抱えきらんやった？」

綾子「はい。もうかなわんかったです」

浴野「手がかなわんやった？」

綾子「はい」
浴野「前の日まで元気だった？」
綾子「元気やった」
浴野「突然その日に何か、朝からですか」
綾子「朝起きて、御飯食べるとき、もうだめやった」
浴野「本当。口の中に御飯は入れた？ それもできん？」
綾子「できんかったです」
浴野「誰かが食べさせてやったんですか」
綾子「いえ、もう病院にすぐ」
浴野「そのときすぐ病院に連れていったんですか」

スチール　五歳当時の故・田中静子さん

スーパー　昭和31年8月
隔離病棟に収容された当時5才
の静子さん

浴野の声「（静子さんの）目が見えないというの、お母さんはいつごろわかったんですか」
綾子の声「目が見えんって言ったの、三日目やったです」

浴野、本の記述内容を綾子に読み、聞き取り。

浴野「三日目にわかった」
綾子「目が痛い、痛い、痛いっちゅって」
浴野「目が痛いって言ったの？」
綾子「はい。そして、言葉はしまいだった」
浴野「言葉も出なくなった？」
綾子「もうそれから、全然」

浴野、実子についても綾子に聞き取り。

浴野「『母ちゃん、姉ちゃんが泣くで病院に連れていってこんね』という言葉を（実子さんは）しゃべってたと。まだ元気なときは言葉をしゃべってたんですか」
綾子「はい、しゃべってたです」
浴野「それが、静子さんが悪くなって一週間以内にしゃべれなくなった？」
綾子「しゃべれない」
浴野「歩きがおかしくなったりはしてた？」
綾子「歩きも、それに靴も新しく買いに行ってきて、昼から…見たけど､歩ききらんようになっとった」
浴野「もう歩ききらんようになっとった？」

綾子「はい」
浴野「それも、突然?前の日まで元気だったのがまた急に?」
綾子「はい」
浴野たちを見る実子。
浴野の声「ちょこちょここっち見てるから」
実子、笑顔になる。
浴野の声「本当に笑ってるんだろうか、それとも」
スチール　少女のころの笑顔の実子
浴野の声「脅迫笑いって、嫌々で笑う。よくあるんですよ。嫌で笑うってことあるんですけど、そうじゃないの?」
スチール　少女のころ、着物を着て笑顔の実子
綾子の声「全然、当てもない笑いが多かです」
浴野の声「多いでしょう」

96　同
義兄の下田が、座っていた実子をかかえてあおむけにする。

下田「よいしょ」
浴野の声「そうやって横になって食べるの?」
下田「はい。スイカ、食べるで」
下田、スイカの赤い実をすくったスプーンを実子の口元に運ぶ。
浴野の声「ああ……じゃだめか」
実子、スイカの実を口に含んだまま。
浴野の声「まだ飲み込んでないな。好きなんか?」
下田「はい」

×　×　×

浴野、実子の足を検査用ハンマーで軽く叩く。

実子の足、動く。

浴野「ね。腱反射はちゃんとあります。それもかなり亢進してるから、脳がやられてると思いますね」

浴野、ハンマーで実子のかかとを軽く叩き、足裏をハンマーで触る。

浴野「こそばゆいね。ごめん、ごめん」

浴野、ほほ笑む実子の頭をなでる。

×××

横になっていた実子、俊敏に立ち膝になる。

浴野「お！起き上がった」

監督の声「あれ、ずいぶん素早いじゃないですか、動きが。はあ……」

浴野、実子に楽器の鈴を見せる。

浴野「これは？実子ちゃん。うん？」

浴野、鈴を鳴らす。

実子、反応しない。

浴野「こういう単純なもんは振り向かないね」

実子、浴野に顔を向ける。

浴野、自分を指さす。

浴野「わかる？男」

実子、浴野そして監督のカメラを素早く見る。

97　同

義兄の下田がインタビューに答える。

スーパー　義兄　下田良雄

下田「人を見る目はある」

監督の声「あるんですか」

下田「幾ら何年、十年通ってきたヘルパーさんにも、なれん人は絶対なれない。だけど、この子はやっぱり強いなと思いますね、私は」

監督の声「強いって、つまり生命力？」

下田「うん。生命力もやし、精神も」

監督の声「そうですか」

下田「うん。今まで相当な痛みがあって、それをやっぱりこらえてきてるし。もう歯が全然ないからですね。いつの間に歯がとれてしまったのかわからないんですよ。全部飲み込んでるから」

監督の声「え？飲み込むんですか、歯を？」

下田「うん。歯は出てきたのは見たことないし、御飯食べるときに欠けて、そのまま御飯と一緒に飲み込む。心身も体力もやっぱり強くないと、ここまで生きてこれんかったろうなっちゅう思いますね、今思うと。やっぱり、半分はもう精神で生きてきていますよ」

98　同

実子、座った状態から立ち膝になる。

実子「あああああ！」
綾子の声「何が言いたかったん？」
浴野の声「実子ちゃん」

実子、振り向き、目線を送る。

実子「ううう……」
監督の声「ちゃんと反応してるというふうに、私には見えるんですが」
浴野の声「今みたいなのは、僕はコンタクトとれたような気になるんだけどね」
監督の声「うん」
下田の声「前からやっぱり知ってる人が遊びに来て、実子ちゃんっち物言えば、顔見て笑います」

実子、振り向く。

99　スチール

坪谷の家、母の側で、着物を着た少女のころ、首をかしげて何かを見ているような実子。

〈タイトル〉

休憩

〈タイトル〉

第二部　時の堆積

○生駒秀夫 人生劇場

1　水俣市・梅戸

生駒、港で小型船の出港準備をしている。

2　不知火海

生駒、小型船を操舵して湾内を航行。

スーパー　小児性水俣病患者 生駒秀夫

生駒の声「私は袋の茂道というところに住んでいまして、袋湾といって、海がとっても美しいんです。そして、茂道山といってすばらしい松の木の、何千年っていう松が」

3　生駒のインタビュー

生駒、インタビューに答える。

生駒「たくさん生い茂ってるところの近くに私は住んでいたんですけども」

4　水俣市・西ノ浦森林スポーツ林

看板。

（看板の文字）ようこそ西ノ浦森林スポーツ林へ

監督「幾つも山に入る道があったんですかね」

生駒「あった」

生駒、監督、林を進む。

監督「クモの巣、クモの巣。バック、バック。そのまま下がって、下がったほうがいい。すごいわ。大丈夫？」

生駒「大丈夫、大丈夫。見えないからわかんない」

監督「うーん」

生駒、監督、林を抜けて、海岸へ出る。

生駒「ああ、やっと出ました」

地図　水俣湾　チッソ水俣工場

袋湾　茂道港

生駒「そっちだな。ここだな」

生駒、岩の多い海辺に立って、あたりを見る。

生駒「ここ、港があったね」
監督「何があった？」
生駒「昔は港をつくってたのよ」
　スチール　小さな港と船
生駒の声「ここにあったの、港が」
監督の声「あ、港があった」
生駒の声「うん。船着き場が。昔ね」
　港があった海辺の現在。
監督の声「何歳のころ？」
生駒の声「大体、六歳か七歳ぐらいじゃないかなって思ってるんだけども。そのころ、子どもたちがたくさんいたから、大人と一緒にみんな連れられて、ここにビナとりとか」
　生駒、海辺に座ってインタビューに答える。
生駒「ここは水が湧くもんだから、洗濯をしに来たんです」
　スチール　海辺で洗濯竿に干された洗濯物
生駒の声「ちょうど私が座ってるあたりが洗濯場というて掘ってね」
　生駒、海辺に座ってインタビューに答える。
生駒「三人ぐらいで洗えるぐらいの広さがあったの、昔は」
監督の声「ここで水が湧くって言うけど」
生駒「山の水」
監督の声「潮が満ちてるときには隠れてるんでしょう？」
生駒「そう、だめです」
監督の声「潮が引いたら湧き水が……」
生駒「そういうこと。僕たちは面倒くさいから、そこらあたりの棒を持ってきて、石で叩いて、ほいで洗って。こんな石に干して、そしてここに潜って、ビナをとったりしたという、大きいビナがおるのよね」
　スーパー　ビナ＝小型の巻貝
監督の声「ビナ？」
生駒「ビナ。小さいころ、鍋を持ってきて、ここの浜辺で炊いてそれをむいて食べて、遊んで。洗濯物はそのうちに乾いてんの、石に干してるから。

それを着てかえる。僕たちは着替えって持たなかったの」

生駒、海辺で小さな貝を拾う。

生駒「これ、コゼ。たくさんいたのよ、昔は。五円玉でこのお尻をぱんと割って、それでちゅうちゅう吸って食べてた。おやつ」

生駒、海辺に座ってインタビューに答える。

生駒「だから、僕たちは海の幸がほとんど、何ていうかな、食料。海で育てられた、僕たちは。その中でたまに魚が浮いていたりしてた、まだ死んでもいないのよ、浮いてんの。ひょろひょろして」

監督の声「その魚は水銀でやられた魚ですか」

生駒「だろうと思うね。ちっちゃいころだから、僕たちはそういうのは知らないやん。そんで、それを捕まえてきて、晩のおかずに煮つけて食べたりして。私が病気になる前に動物が大体おかしかったね。猫とか、水鳥とか、鳥類」

監督の声「水鳥?」

生駒「水鳥とか、カラスとかトンビとか、魚を食べますから。よく見ていると、そういう死骸が上のほうに上がってんですよ、潮が引いたら。イワシは網でいっぱい空き地に干してあるんですね。ほいで、猫なんかは食べるんですよ、カラスでも何でも、犬でも。猫なんか、食べてよだれをぷらして、くるくる回って海の中に飛び込んだりしてたんですよ。水俣、まだこの病気がはやる前に動物が教えてくれてたんですよね。危ないですよというのを」

小さな港があった海に夕日が照り返す。

生駒の声「私も普通の風邪かなと思っていたんですけども」

5　生駒のインタビュー

生駒、インタビューに答える。

生駒「体は何かおかしくなって、だらしくなりまして、卓球やってるうちに、突然、球が見えなくなってきたんですね、私。二、三回これを繰り返すと同じことなんですよ。球がそれたら見えなくなると。

みんなで、じゃ、かき氷を食べようかということになりまして、みんな輪になって、かき氷を食べていたんですけども、二、三回こうしてすくって食べると、(右腕が)ぴんと跳ねるんですね。そして、隣の方にかかって、私、大変、怒られました。おまえ何してるかということで。『いやいや、すまん』。何も自分がわざとやったわけではないということで、まあとにかく見とってくれと。で、私が一人でこうしてかき氷を食べるんですけど、やっぱり二、三回食べると、ぴんと跳ねる。これは、皆さんがおかしいと。突然と何かが引っ張ったようにして、ぴんと跳ねるんです。

その日、昼寝してからが始まりなんです。何時間寝たかわかりません。目が覚めたところ、体中、物すごいしびれで、全身。おかしいと気づきまして、おやじにこうして体中しびれたって、どうにもならんと。私がおやじに話をするんですけども、それがおやじに通じないわけです。このときには物すごいショックでしたね。何て言ってるのか、おおおおって言葉にならんらしいんです」

記録映像　生駒少年、手が大きく動く様子

スーパー　熊本大学附属病院入院中の生駒少年

記録映像　ふらついている猫

記録映像　激しく震え、よだれを垂らす猫

記録映像　病院で看護される当時の水俣病患者さんたち

生駒の声「治療方法も何にもないんですね。脊髄に麻酔を打つのに針を見ましたところ、昔の大きい畳針で。あれを打ち込んだから、これにはもうショックでしたね」

生駒、インタビューに答える。

生駒「もう涙ぼろぼろでした。看護師さん、四人か五人で押さえられて、エビのように曲げられまして、そして脊髄から水を採られました。針を見た瞬間に僕はたまがりまして、これは打ち殺されると思いました。その注射の種類はわかりませんけども、何しろ四回打たないかんということで、その注射が物すごい痛いんですよ。五分もせんうちに腕が痛くなりまして、どこに行っても手がちぎれていきそうな、物すごい痛さだったんですよ。じゃ、今度は尻に打ちましょうと。お尻に打ったんですから、今度は尻のほうで座ることはできないし、もうぴんぴん飛んでました。その注射が物すごい痛いんですよ。そのおかげで、だんだん体のほうが、震えてはいるんですよ、まだ千鳥足でまだ御飯もまともに食べないけども、震えが何か止まった感じがしたんです」

記録映像　病院の一室を歩く生駒少年

生駒の声「少しずつよくなっている感じを受けましたですね」

6　熊本市・徳臣宅・玄関

生駒、監督、徳臣宅へ入っていく。

7　同・居間

生駒、ソファに座って徳臣の妻に挨拶。

生駒「奥さん、本当にすいませんね」

徳臣の妻「とんでもない」

生駒「私は十五歳のときに先生から助けられたんですよ。ぜひ、私が会いたいということで、きょう、案内してもらって来たんですよ、ここに」

徳臣も座って、生駒が持ってきた本を見る。

スーパー　熊本大学医学部 元医師
徳臣晴比古

生駒「ここ（本の中）に先生が書いてられるのが……」

徳臣「……何だったかな。ああ、ガニか！」

新聞記事（見出し）「水俣病」が新発生

カニ食べた少年

生駒の声「そうそう、僕はガニ食った少年」

徳臣「そして、中学のときは体操の選手だった」

生駒「そうです。思い出しましたか」

徳臣「思い出した」

徳臣、生駒の状態を確認し始める。

徳臣「（生駒に）手を出してごらん」

生駒、両手の甲を前に出す。少し震える。

徳臣「こう（両手の平に返す動作）」

生駒、両手の平に返す。少し震える。
生駒「やっぱり先生だな。中学生だったけど」
徳臣、生駒の右腕を曲げ伸ばしする。
徳臣「力を抜け」
生駒「はい」
徳臣「自分じゃやっちゃいかん」
生駒「はい」
徳臣、生駒の腕を曲げ伸ばしする。
徳臣「指を出して、鼻をこうで、こう」
徳臣、自身が立てた人さし指に、生駒が人指し指で触れ、そして鼻に触る動作を指示。
徳臣「これ、やってごらん」
生駒、指示された動作をするが、指先は少し震えてスムーズにできない。
徳臣「これが典型的な水俣病ですよ。この人はもう」
記録映像　生駒少年の腕の拘縮の検査

×　×　×

居間で徳臣、生駒にペンを持たせる。

×　×　×

記録映像　震える手でペンを持つ

×　×　×

生駒、ペンで字を書くが、震えた文字になる。
徳臣の妻の声「あ……大変ですね、本当に」
徳臣、生駒、居間で話している。
徳臣「まあね、いつのころか、何か世の中が難しくなってね」
生駒「そうですね」
徳臣「僕はひどい目に遭うたよ。もう」
生駒「そうらしいですね。その話は私も聞きました」
徳臣「聞いたんですか」
生駒「はい」

〈タイトル〉

認定審査会メンバーだった時期
徳臣先生は運動家に厳しく糾弾された

8　同・居間

徳臣「大学の中まで押しかけてくるし、熊本駅では、捕まえてぼこぼこに殴ろうとするし。東京へ行きゃ東京でまた待ち受けてね。だから水俣病の関係はもう一切お断りで、それから手を引いた」
生駒「ぼこられましたか」
徳臣「うん。ちょっと、あなた（監督）に聞くけど、何ちゅう会社ですか。純粋の……」
監督の声「ええ。水俣病のドキュメンタリーを……」
徳臣「もういろいろ言われるのは僕は嫌で。何に利用されるかわからんから。何か僕はしちゃくちゃ言われてね、ひどい目に遭うた」
生駒「それは私も聞きました」
徳臣「指をこうしてごらん」

徳臣、生駒に右手人さし指を立てるように指示。

×　×　×

記録映像　生駒少年、両腕を広げて伸ばす
苦しげな表情

×　×　×

徳臣、生駒、居間で話している。

徳臣「あなたは、子どもがおるね」
生駒「今、二人います」
徳臣「二人」
生駒「はい。まだ、嫁に行ってません」
徳臣「子どもは元気だろう？」
生駒「元気です。もうぴんぴんして」
徳臣「おやじの病気がうつっちゃおらんだろう？」
生駒「うん！それはうつらんち先生たちが言うた。そんな脅かさないでくださいよ」

徳臣「フフフ。だから、うつっちゃおらんだろうって言いよっとって」
生駒「うつらんって」
　徳臣、カメラを撮影スタッフに渡す。
徳臣「ちょっとこれ（カメラ）で写して」
監督の声「はい、わかりました」
生駒「握手をして」
徳臣「握手はせんでええ」
　生駒、徳臣の手をとって笑顔。
スタッフの声「行きますよ、はい、チーズ」
徳臣「あ、写った」

9　水俣市・生駒宅・居間
　生駒、テレビモニターで、少年のころの記録映像を見ている。
生駒「ああ、これ俺だ、十五歳。元気がよかった」
　モニターの中の生駒少年、服のボタンかけをする。
生駒「このボタンかけが難しかったのよ。全然かけられんかった」
　モニターの中の生駒少年、両腕を動かしている。
生駒「かわいいやんか」

10　同・玄関
　あがりかまちで、生駒、幸枝にバリカンで散髪をしてもらおうとする。
生駒「いいですか……タオル、タオル（がない）」
　幸枝、タオルをとりに部屋へ行く。
生駒「私はデリケートよ」
幸枝の声「何がデリケートよ」
生駒「言うことときかんば、ごつんちやられるからな」
　戻ってきた幸枝、タオルを生駒の襟元にかける。
　スーパー　妻　生駒幸枝
幸枝「そういうことしないちゅうでしょう。ばかばい」
生駒「写してるからそんな……」
幸枝「もう黙っとるちゅうでしょうが」

幸枝、バリカンで生駒を散髪する。

11　生駒のインタビュー

生駒、インタビューに答える。

生駒「関西の川上敏行さん、御存じですね。あの方が世話をしてくれらったんです。嫁さんに来てくれるか人がいるかなと。私も命がけなんですよ。水俣病ですから、おまけに。私に来る人がおるかな、おらないかなって、それも心配、不安がありましたけども」

12　生駒宅・玄関

生駒、幸枝にバリカンで散髪をしてもらっている。

生駒の声「仕事をしてたら二カ月ぐらいしたら、見合いする人が現れたという返事が来まして」

13　生駒のインタビュー

生駒、インタビューに答える。

生駒「ほんで、見合いが六時ちなってましたから、六時に見合いをしまして。そしたら、家内のほうも親がもう決めたことだし、親の言うとおりにすると」

14　生駒宅・玄関

幸枝、生駒の散髪をしている。

生駒の声「私のほうも、私に、こうした水俣病に来てくれるということは、ありがたいことだなと思いまして」

15　生駒のインタビュー

生駒、インタビューに答える。

生駒「私もひとつ返事でした。ここにこで、うれしかったですね。これは人生初めて、私、うれしいニュースだったです、決まったのが。どちらもオーケーと言われてですね」

16　生駒宅・玄関

生駒、幸枝にバリカンで髭を剃ってもらう。
幸枝「ハハハ。よし」
生駒「ありがとうさんです」
幸枝「はい」
幸枝、生駒の襟足もバリカンで整える。
生駒「いいですか」
幸枝「いいですね」

17　生駒のインタビュー
生駒「周りの方が、じゃ結婚式、いつしようと、今度は暦をはぐりしかかったんですよ。暦をはぐったところが、『おい、あしたがよか』と。あしたが結婚式だと。あしたちゅうたって何もしてないちゅうて、皆。私はうれしくって、もう喜んどったですけども」
スチール　生駒夫妻の結婚記念写真
生駒の声「家内のほうはやっぱり、かなり悩んでいたですね。だから、僕もなるべく心配をかけないように一生懸命やるだけやらなくっちゃと。先のことはわかりませんけども、一生懸命。こうして来てくれるということはありがたいなと思いまして。ほんで結婚式をやって、じゃ、新婚旅行といったら、新婚旅行が湯の鶴なんですよ」
インサート　湯の鶴温泉の二羽の鶴のモニュメント
スーパー　水俣市湯出 湯の鶴温泉
生駒「あそこが新婚旅行の一泊でした。で……川の音で寝られんのですよ、ざわざわやって」
監督の声「で、新婚旅行に行きました。初夜はうまくいったんですか」
生駒「初夜？」
監督の声「初夜っていうでしょう」
生駒「そんなもんできるわけない、湯の鶴に行って」
監督の声「だって、新婚旅行ってそのために行くんじゃないですか」
生駒「行ったけども、川の音で寝られなかったのよ」
監督の声「別に、眠るために行ったわけじゃなくて、初夜のために行ったわけだから、川の音がうるさくったって」
生駒「そんなことしない。手も出し切らなかった」
監督の声「……信じられないけど」
生駒「手も出し切らなかった。うれしかったもん、僕は」
監督の声「じゃ、二人でどうしてたんですか」
生駒「はあ?」
監督の声「深夜に二人になるじゃないですか。布団は敷いてあるし」
生駒「一つの布団に寝ました。背中合わせで寝た。寝ちゃった」
監督の声「寝れなかったんでしょう」
生駒「寝れなかった。一晩中起きてた」
監督の声「で、何してたんですか」
生駒「何も。ごろごろ。しょんべんばっかり行ってたのよ。おしっこばっかり。考えられないでしょう」
監督の声「したいと思ったでしょう」
生駒「いや、そういうふうには思わなかった」
監督の声「普通、思うじゃないですか」
生駒「普通は思うけど、僕はそんなどころじゃなかった。とにかくうれしかったの。僕に来てくれたちゅうのがうれしかった。そんなこと思ったこともなかった」
監督の声「……」
生駒「そうよ」

18　水俣市・湯の鶴温泉・川（夜）
湯の鶴温泉を流れる川。

19　同・旅館・座敷（夜）
飾り障子にデザインされた二羽の鶴。
生駒と幸枝、並んで晩酌しながらの夕食。
幸枝「(ビール瓶の栓を抜いて) はい、どうぞ」
幸枝、生駒のグラスにビールを注ぐ。
生駒「こぼしますからこれで」
生駒、ビール瓶を幸枝からとる。
幸枝「ついでくれます?」
生駒、幸枝のグラスにビールを注ぐ。

生駒「少しですか」
幸枝「はい」
生駒「いいですか。まだ飲みますか」
幸枝「フフ、いいです」
幸枝、ビール瓶を生駒から受け取る。
幸枝「こっちに置いときましょう」
幸枝・生駒「乾杯」
幸枝「ご苦労さん」
生駒「ご苦労さんでございます。いつもお世話になっております」
幸枝「どうも」
生駒、幸枝、揃ってビールを飲む。
生駒「おいしいですな」
幸枝「おいしいですね」
生駒「梅酒、大体飲まんけど、飲んでみようかな」
生駒、小さな杯の梅酒を飲み干す。
幸枝「あ、ああ。一遍に飲んでどうするのよ」
生駒「こぼしちゃうからと思って」
幸枝、割りばしを割って、生駒に渡す。

幸枝「はい」
生駒「はいはい、どうも」
生駒、割りばしを受け取る。
生駒「じゃ、いただきます」
幸枝「どうぞ」
生駒、幸枝、食事を始める。
監督の声「じゃ、すいませんが、ぼちぼちとインタビューをさせてください」
幸枝・生駒「はい」

〈タイトル〉
結婚前　幸枝さんは
温泉旅館の仲居さんだった

20　同
生駒と幸枝がインタビューに答える。
幸枝「ヤダさん、お客さんですよ、指名ですよち言いはったもんだから、あら、私に指名に来るような人は誰もいないんだけどね、ちいうことで行って、明くる日、帰らした後にだったかな、あの生駒さんちゅう人が一緒になる人やったんですよち。あのときは、ただ料理を出して、お布団を敷いて、ちょこちょこっとお話ししただけやから、覚えてません」

監督の声「ハハハ、そんなもんなんですか」

幸枝「はい」

生駒「私たちもそれは知らないいんです」

監督の声「え？知らないっていうのは？」

生駒「知らなかったんです。玉泉荘に泊まりなさいって言われたので、そのとおり泊まりました」

監督の声「え？じゃ、意識してたわけじゃないいんですか」

生駒「いえ、私も知りませんでした」

監督の声「じゃ、二人とも、そのときは全然、知らなかったの？」

生駒「そうそう、こちら（幸枝）も知らないんです。私も知らないんです」

幸枝「ただお客さん、私は。ハハハ」

生駒「知ってるのは川上敏行さんだけなんです」

監督の声「へえー」

幸枝「その後に会うたのが、家のほうに帰ったときに来てるからちゅうて。私はそのときに一緒になれちじゃったんだけど、いっときは、もうどこさんか、はっていこうかしらんち思うて」

監督の声「ええ？どういう意味？」

幸枝「水俣病っち聞いてやったもんだから、ああ、今ばやりの病気の人っち。だけど、一緒になってどうなることやろうかっち、やっぱり考えたんですよね。そうもんで、長いこと、町にどっか行けばねっちゅう思うて山道ちゅうか、畑のほうに通っていったとき、家が見えるところの山の上で何時間おったかな。そこで、こしょこしょおばさんたちがしおらしたとを眺めとりました。フフフ。

大分、何時間か、そこに一人で座っとって考えて、誰にも言うわけいかんし。母はもう敏行さんと話をしてじゃったらしく、私もあんまり事詳しくは……。

二回目に会ったときには、あんまり病気っちゅう……ああ、こんなもんかなちゅうたような感じだったもんだから、特別悪い病気とちゅうか、ああ、うつらないのかなちいうのをそのとき感じましたですね」
監督の声「なるほどね」

21　川上宅・居間

川上、インタビューに答える。

スーパー　仲人 川上敏行

川上「熊大の隔離病棟にあの人（生駒）も入院しとって」

記録映像　熊大病院入院中の生駒少年

スーパー　熊本大学病院隔離病棟

生駒秀夫（当時15歳）

記録映像　熊大病院に入院していた川上さんの義母の様子

スーパー　川上敏行さんの義母

川上タマノ（当時42歳）

スチール　入院中の故・川上タマノさん

スチール　病室で過ごす川上一家

スーパー　川上さん一家

川上の声「相当、私の義母がお世話になって、本当の親子みたいに、タマノさんを生駒さんも慕うて、おやじは生駒を自分の子どもみたいにしとったわけ。ほして、嫁さんのヤダさんの娘さんは」

川上、インタビューに答える。

川上「センコーの独身者の人たちに、嫁さんを世話してくれんかというような依頼があったもんですから（ヤダさんの娘さんを）世話したところが」

スーパー　センコー＝川上さんの勤め先

（チッソ関連企業）

川上「やはり、韓国の籍があるもんですから、断られたわけ。そうしとったら、タマノさんとおやじが私のところに来て、生駒がこうこうして奈良におるけど、嫁さん探しに来とるんやって言うから、そして当たったところ、お母さんのほうではオーケーして喜んでもらったわけですけども」
監督の声「韓国籍ということは、奥さんの両親が韓国の人ですか。それとももう一つ上？」
川上「お父さんが韓国の人」
監督の声「お父さんが」
川上「はい」
監督の声「ということは、お父さんが韓国の人だから、今の奥さんは結婚する相手もないから、生駒さんでもしようがないんじゃないかというふうにおばあちゃんあたりが考えたということですか」
川上「いやいや、そうじゃないんです」
監督の声「それは関係ないですね。そういうことはね」
川上「それは関係ないと思います」

22　水俣市・湯の鶴温泉・旅館・座敷（夜）
　　生駒と幸枝、インタビューに答える。
生駒「昔は、一緒になって何十年はこんな震えてなかったですよ。いっちょんわからなかったです。ね！」
幸枝「子どもができたときかな、やっぱり。そのときはもう……」
生駒「みんなが祝ってくれたもんね。知らない奈良っちゅうところの」
幸枝「奈良に行ったときでも、みんながよかった、よかったっち。何がよかったか知らんけど、よかった、よかったっち言うてくれらしたですね」

23　川上宅・居間
　　川上、インタビューに答える。

川上「うちの隣にナカオカという網元がおって、水俣病患者やっていうことで反対したわけですね。ほんで、そのおばあちゃんもやっぱり嫌がっとったわけですねん。ほして、結婚式も私のうちで、面倒みてくれよった人たちに対しても案内をしたんですけども、全部来んやったもんですから、こいつらはどういうことを……。そのときに、私が今さっき言いましたように、身内、親戚でありながら、何の反対をせなならんのかってと思うたのがそういうことですね。
　そして、家も今の自宅は私のおじいさんの家やったねん。そのぐらいひどかったんで。そりゃ、私もつらかったですよ」
監督の声「今、本当に二人は仲がいいですもんね」
川上「はい。つらかったと思います、親戚からそういうあれでしたから。しかしながら、やはり人種差別といえばおかしいですけども、そういうのがあるもんですから、やはり一つは気を引かれ合ったんじゃないかなって、私は思います」

24　湯の鶴温泉・旅館・座敷（夜）
　生駒と幸枝、インタビューに答える。
監督の声「生駒さんは、奥さんと本当に結婚してよかったということをいつも話の中で……」
幸枝「そげんことを言わんとですもん。私が悪いっち言えるわけないでしょう。ぜいたくさせてもらって。文句言うぐらいですよ、私は。あんたが勤めさせせんやったって」
生駒「それには理由があるんですわ。奈良から帰ってきましたね。仕事ないと私が言ったでしょう。最初に職安に行ってそう言われたもんだから、水俣でする仕事がないんですから。そしたら、また、やっぱりあの男をもらって、見てよ、嫁はんに働かせてという意識があったんです、私は。ですから、それを嫌がってたんです、私は。ですから、出稼ぎにまで行ったんです」

〈タイトル〉
生駒さんはチッソ開発（株）に入社
31年間勤め58歳で早期退職した

25　水俣市・梅戸・墓地への坂道
　生駒、幸枝、坂道をゆっくり上ってくる。生駒は短いほうきの柄の先を持ち、幸枝はその後ろで穂をつかみ引っ張ってもらっている。
生駒「ああ、しんど」
幸枝「ちょっと止まって。ちょっと止まって」

幸枝、立ち止まって荒い息を整える。生駒、幸枝の様子を見る。
幸枝「よし」
生駒、幸枝、歩き出し、さらに急な坂道を上っていく。

26　水俣市・梅戸・墓地
生駒、幸枝、墓を掃除。
生駒の声「私は水俣に来た、水俣の人間じゃありません。東京なんです。おやじが中風だったもんですから、今は脳梗塞と言いますけども、私たちはおやじの世話係だったんですよ」
墓石の彫刻　昭和四十七年七月
生駒秀夫　幸枝　建立
幸枝、束ねた線香に火をつける。
生駒「ついてる?」
幸枝「ついてるよ」
生駒の声「私が十七歳のとき、介抱もならず、とうとう亡くなりましたが、葬式もできないもんだから、病院の安置所でお通夜をしました。葬式も何もしてないんです」
生駒、手が震えつつ火のついた線香を墓の線香立てに入れようとする。
幸枝「入った?上は熱いよ、熱いよ」
生駒「熱い」
幸枝「熱いよ!」
生駒、墓に手を合わせ、頭を下げる。

27　水俣市・防空壕跡
生駒、かつて暮らした防空壕の前にいる。

生駒「私は、小さいときにこの防空壕に住んでいたことを思い出しました。弟もここで産まれました。母もここで死にました。昭和二十三年九月でしたか、この防空壕で母は亡くなりました。しばらくその一、二年ここにおったかわかりませんけども、市役所の案内で、茂道のほうに移住しないかということで、茂道に移住した話は聞いております。ほかにも防空壕、十カ所ぐらい、全部皆さん入っておられました。私もその一人です。

　おやじたちも大変な苦労をしたんだなと。私と兄貴は朝鮮で生まれてます。おやじは、一回目の妻を朝鮮で亡くしているんですね。二回目で母と一緒になって、年が離れてたわけです。まあ、私もここにずっとご厄介になっとったら、水俣病になっていないんですけどね」

28　水俣市・茂道湾
　生駒、小型船を操舵して航行。
スーパー　水俣市茂道
小型船、岸に近い海で停止。
水面に波紋が広がる。
スーパー　地下水が湧いている場所では
海面に波紋が現れる
　小型船上の生駒、飛び込む準備。
監督の声「そのまま入るの？そのままの格好で？」
生駒「このまま入ります」
監督の声「ええ？飛び込むの？」
生駒「うん」
監督の声「大丈夫？」
　生駒、Tシャツのまま船から海に飛び込む。
監督の声「おーい！へへへ」
　生駒、平泳ぎで進む。岸辺近くで足をつき、船上の監督に声をかける。
生駒「はしごからから降りれる」
監督の声「え？」
生駒「あっちから降りれる」
　監督が泳いで生駒の側へ。
　生駒、海中に潜る。

29　水俣市・茂道湾・海中
海の中。小魚の群れ、海底湧水。
スーパー　海底湧水により豊かな海が育まれ
様々な魚が集まってくる

30　水俣市・茂道湾
　生駒、クロール、平泳ぎで進む。

○水俣湾

〈タイトル〉
生駒さんを育んだ水俣の海は
高濃度の水銀を含む
ヘドロに覆われてしまった

31　水俣湾
　水俣湾を俯瞰。
スーパー　チッソ水俣工場
チッソ水俣工場からメチル水銀が海に拡がっていくイメージ。
スーパー　チッソ水俣工場が排出したメチル水銀はヘドロとして水俣湾・不知火海一帯に広がった
水俣湾ヘドロ処理事業のイメージ。
スーパー　1983年3月3日
水俣湾ヘドロ処理事業　開始

スーパー　特に濃度が高いヘドロ＝埋め立てエリア
スーパー　護岸
スーパー　埋め立てエリアの周囲に円筒形の〝セル〟を打設
スーパー　浚渫《しゅんせつ》
スーパー　浚渫船でヘドロを埋め立てエリアに吸い上げる
スーパー　汚染魚
スーパー　汚染魚は捕獲されドラム缶にコンクリート詰めにされ1か所に埋められた
スーパー　埋立
スーパー　1990年3月31日

水俣湾へドロ処理事業完了

エコパーク水俣をドローン撮影で俯瞰。

スーパー　埋め立て地に作られた
エコパーク水俣の地下には
今も大量の水銀が眠っている

32　水俣湾・海上

護岸へ向かう船上。

二宮、監督、ウエットスーツを着ている。

33　同・護岸近く

護岸近くで停止した船上の二宮、監督。

二宮「結局、こっち側からどろを吸い上げて、あの中に入れたんです」

監督「うん、入れたわけだからね」

二宮「ある以上のずっと濃度の濃いのが、全部埋め立て、ここに」

監督「ここだからね」

二宮「そう。だから、岸から流れ出さんように、これを置いてしまったんです。で、中を埋め立てて、上から土をかぶせた」

監督「正面のあれは鉄板ではないよね。コンクリート？」

声「鉄板ですね」

監督「あれが、五十年たったら換えなあかんってやつです？」

34　船上

監督、スキューバダイビングの器材を装着。

監督「これも新発売でね、買わされたんですよ」

二宮「ハハハ、散財」

監督「そう。ネギしょった鴨みたいな感じがします」

監督、船のへりに座って、飛び込む準備。

監督「壁沿いを、まずやってみようかと思って」

酸素ボンベを背負った監督、船から海に飛び込む。

水中カメラを持った監督、二宮、ダイビングスタッフ、埋め立てエリアの護岸の壁近くの水面に集まる。
監督「行きます。いいですか？」
ダイビングスタッフ「はい」
監督、水中カメラを構え、潜っていく。

35　水俣湾・海中
埋め立てエリアの護岸の海面から、壁沿いに海中へ。
海藻類が壁に生い茂っている。
スーパー　鋼矢板腐食防止用アルミニウム合金陽極（**耐用年数30年**）
さらに、壁に沿って下へ潜る。
スーパー　水深約10ｍ
海底に捨て石が広がる。
二宮、捨て石付近の堆積物をすくいあげる。
二宮、海底の堆積物を採取。
二宮、壁の鋼矢板腐食防止用アルミニウム合金陽極を触る。ボロボロと崩れる。
スーパー　鋼矢板腐食防止用アルミニウム合金陽極
完全に腐食していて防食効果が無くなっている

36　水俣湾・護岸近く
監督たち、海面に顔を出し、船へ戻る。

37　水俣湾・護岸近くの船上
二宮、採取した堆積物を別のケースに移す。

38　鹿児島大学理学部・冨安研究室
二宮、研究室に入っていく。
二宮「こんにちは。お久しぶりです」
冨安「ごぶさたしてます」
スーパー　鹿児島大学理学部　冨安卓滋　教授
冨安「いただいたサンプル、これでしたよね、こういう形で」

二宮「そうですね」
パソコンにデータが映し出されている。
二宮「あんまり変わらんのね、全部ね」
遠心分離機後総水銀の測定データ。
捨石上部　2・36ppm
捨石下部　2・34ppm
捨石そば底質　2・37ppm
二宮の声「あんまり変わらんもんね」
冨安「そうなんですよ。つまり、薄まらない」
冨安、インタビューに答える。
冨安「工場が操業を始める以前の濃度が、乾燥重量で六〇ppb、〇・〇六ppmぐらいに対して、表層で今、約三ppmの水銀濃度があります。そうすると、汚染の状況としては、自然の状況に比べれば表層で、五十倍ぐらいは高い。今回、採取していただいた捨石の上に堆積していたようなものたちも、ほぼ底質の表層と同じような濃度をしていましたから、そういう意味では、底質は舞い上がってまた沈降してというふうな移動はするけれども、外部からの新しい、つまり、余り汚染を受けていない粒子の沈降によって表層の水銀濃度が下がっていく現象が起こるには、まだかなり時間が。数年という規模ではなくて、もっと長いスパンがない限りは、表層の水銀の濃度は下がっていかないだろうという」

39　水俣市・熊本県環境センター・一室
二宮、監督、藤木に映像を見せている。
スーパー　熊本県環境センター
藤木素士　館長
監督「壁の様子を、ぜひ先生に見ていただいて」
調査した壁の映像（二宮が鋼矢板腐食防止用アルミニウム合金陽極を触ったところ、ボロボロと崩れる様子）。
藤木の声「分析はされた?」
二宮「そうなんです。アルミと硫黄、それで八割ぐらいとプラスほかの金属。そういう意味ではちょっと腐食がきようみたいな感じです」

監督の声「何か補強工事というようなことになるんですか、何らかの方法で?」
藤木「いや、それは耐用年数が、仮に五十年なら五十年。八十年なら八十年出るとしますと、そんならそっから先はどうするかっちゅうことですからね」
二宮「そうなんです」
藤木「フフフ。それは当然、補強工事のことまで行かなきゃおかしいなと思いますけど」
二宮「生物圏で生活する、魚の生息する横に置くつうのは何かちょっと精神的にようないちゅうんかね。どういうふうな処理ちか、保管の仕方がいいんかっつうのは、先生はどういうふうにお考えですか」
藤木「やっぱり、僕は保管にはこれよりいい方法というのはないと思います」
二宮「ない?例えば、もっと山か何かの産廃処理みたいな感じのきちっとしたとこで管理しながらやっていくっちゅう……?」
藤木「まあね、じゃ、管理する入れ物が壊れたらどうするのっちゅうことになるでしょう」
二宮「ここが壊れたらすぐ出ちゃうちゅうのが……」
藤木「いや、これ出ないんです、もう。大丈夫です。出ません。これ、倒れても出ません。レベルが低くなっていますから。倒れても海面と同じレベルですから、外に出っこないんです」
二宮「フフフ、まあ、そういうこと。何か……」

40　水俣市・金田一宅

　二宮、金田一に話している。

　スーパー　水銀分析研究者　金田一充章

二宮「さっき環境センターの藤木さんとこ行ってきて、藤木さん自身が魚も全部、安全とかいう話で、水銀も全然問題ないと」
金田一「水俣湾の浚渫をするっていうので、仮処分を申請して、そんなことをやめろっていう裁判をやったわけですよね。結局、却下になって、どんどんヘドロ（処理）の工事は進んでいくという状態になったときに、せめて今いる魚、水俣湾がどんなふうにこれから変わっていくのかモニタリングするために、サンプルだけは残していこうと。だから、問題なのは、熊本県と僕の測り方の違いですよね。僕は一匹一匹測ってるの」
二宮「熊本県はどんなふうに測ってるの？」
金田一「魚の大きさによるらしいけども、通常十匹の魚をミンチにしちゃうの。例えば、大きな魚が（水銀値が）高いという傾向はわかりますよね」
二宮「うん、わかる」
金田一「大きい魚だけ十匹をミンチにしたものと、小さい魚だけ十匹をミンチにしたものでは、絶対、違うはずですよね」
二宮「違う。うん」
金田一「もしもですよ！高い魚と低い魚と混ぜて測ってその数字を出して、大丈夫だって言ってるとすれば、物すごい問題だと思いませんか」
二宮「思いますよ」
二宮、苦笑い。
二宮「これ（金田一の調査資料）を見ると、金ちゃんは自分たちで、水俣湾で釣ってきたって書いてるわね。確かに、水俣湾産ちゅうんがあるわね。熊本県はどういう形でやってるの？サンプリングするのに」
金田一「漁協の組合員の人たちにとってもらって、それを買い上げてる」
二宮「じゃ、漁協の組合員の人たちがどこでとったっちゅうことは、水俣湾で確かにとったっちゅう証拠とかいうのはあるの？」
金田一「……そこまで言う？……言う？フフフ。工事が終わってから安全宣言ってしたんだ」
二宮「全ての魚がよし、じゃ、〇・四ｐｐｍになったっちゅうことを基準として（仕切り）網を上げるっちゅう方針になったよね。それで安全っちゅうて、安全宣言で食うっちゅう話になったのね」
金田一「結果的に言うと、こうなんですよ」
金田一、自分たちが水俣湾で釣った魚の水銀値の検査データを見せる。
金田一の声「今もやっぱり、時々高いんですよ、一匹一匹で調べるとね。浚渫はして、ある程度低くなる傾向に、ぐんと下がっていったのは確かなんです。それは浚渫してよかったのかなとは思うんだけども、でも浚渫では解決してないと思うんですよね。
ベラなんかは滅多にというか、（水銀値が）全然ない」
二宮「ないよね」
金田一「三を超えるのもいないかな。でも、カサゴとキスはまだ」
二宮「多いよね」
金田一「はい。本当に、何十年の単位で下がっていくのかもしれないけども、ここ十年ぐらいではっきり下がったとかというのは、印象として普通に考えると、このばらばらとプロットしてある点を比較した場合に、ほとんど変わんないですよ」

41　鹿児島市内
二宮、インタビューに答える。
二宮「これ以上、普通の海には戻らんちゅうことなの。そこに水銀を封じ込めてしまってるっちゅう海なんで」
監督の声「水俣湾にね」
二宮「うん。水俣湾、不知火海に封じ込めたままで、決して拡散はしてないっちゅうこと。一番濃いのは端っこによけてしまってるわね」
監督の声「でも、今現在の水銀値は、国が言うとこの基準値以下であるってことは言えるわけよね」
二宮「平均したら、言えます」
監督の声「だから、食べてもすぐ水俣病の症状が現れるわけではないと」
二宮「それは、そうそうはないっちゅうこと」
インサート　水俣湾の海中。さまざまな生物
スーパー　メバルの稚魚
スーパー　ヒメタツ（タツノオトシゴ新種）
スーパー　エントウキサンゴ
スーパー　ヒラメ
スーパー　カサゴ
二宮の声「水俣湾の今の魚をお母さんがずっと食べ

とったら、みんなが見てる胎児性患者が生まれるかというのは、それはないだろうちゅう気はします。ただ……」

二宮、インタビューに答える。

二宮「彼らと正常な子の間というのは、こんなに無限にあるわけでしょう、症状としても」

インサート　水俣湾の海中

二宮の声「どの段階で早い目に見つけるんかっちゅうのが、結局、医学の問題だと思うんですよね。そういう意味じゃ、すごい実験をしたんだと思う。猫とか人がぶわっとやる実験よね」

二宮、インタビューに答える。

二宮「水銀の濃度によって日本の地図を描くとしたら、あそこだけが恐らく、ぴかっと光っとっつう感じよね」

インサート　水俣湾の俯瞰

二宮の声「恐らく、今の世代が終わっても、次の世代になっても、人は死んでも水銀は死なんで残っていくっちゅう。スポット上に何か残っていくっちゅうイメージですね、私の中のイメージは。まあ、そういうことがようわかった」

○溝口裁判地裁判決

42　熊本地方裁判所・前

大勢の人が集まっている。

スーパー　熊本地方裁判所

横断幕が広げられている。

（横断幕）水俣病認定を求める溝口訴訟

未検診死亡者チエさんの

21年の放置を断罪する！

鈴村が拡声機で案内。

鈴村（支援者）「それでは、きょうの予定だけ最初に言っておきます」

溝口が母・チエの遺影を抱え、妻と並んで立っている。隣で山口弁護士がマイクで話す。

スーパー　弁護士 山口紀洋

スーパー　原告 溝口秋生

山口弁護士「昨晩は、溝口さんと私、ゆっくり話しまして、本当にこれは自分だけのことじゃなくて、現在、続々と続きます申請者や裁判の提訴を代表するような形で自分が先駆けたということの責任の重さと意義の深さを実感してるとおっしゃったんでね。同じ潮谷県知事でのもとで、大きな獲得をまず一つ緒方さんがし、引き続きまして、溝口さんの勝訴判決、完全勝訴判決をとると」

〈タイトル〉
溝口さんの母チエさんは認定申請中に死亡
県は申請から21年後になって「資料が無い」
という理由で棄却

43　水俣市・溝口宅・仏間

仏壇に母・チエの遺影。

スーパー　母　溝口チエ

溝口の声「毎日、朝晩、仏さんの前へ行って線香を立てて、おふくろ、どうしよう、どうしようって毎日言ってたんですよ」

溝口、インタビューに答える。

溝口「おふくろは『やれ』と言ったような気がするんですよね。それは自分で思ったこと。例えば、私の次男は胎児性なんですけど、それも認めなかったと。自分のこともですけど、ほかに自分と同じような人たちが数百人いるから、その人たちのためにも『やれ』と言ったような気がするんですよね。何十人か亡くなってるわけだから、恐らく四百人ぐらいはいるでしょう。その人たちが、全然文句が言えなかったんですよね。自分だけの問題じゃないよ。人間の問題ですからね」

44　熊本地方裁判所・前

判決直後、一人の支援者が旗を出す。

（旗）不当判決

45　熊本県庁・ロビー

弁護団、支援者たち、集まっている。

山口弁護士「ここまでたたかれるとさ、我々、溝口さんを支援している者は、やっぱり、誰でもやる気になっちゃうよね」

溝口、インタビューに答える。

溝口「私は今、すかっとしてるんですよ。なぜかというと、あんな幼稚な判決が出たなと。本当、素人でも考えるようなことを、法律の専門家が堂々と、あんなことを言えましたね」

46　熊本県庁・会議室

スーパー　判決当日　熊本県庁交渉

溝口夫妻、弁護団、支援者たちが、潮谷知事ら県庁側と対峙して座る。

溝口「私の息子は胎児性、生まれて即けいれん。三日目、一カ月、百日、けいれんした。とうとうあんたたちは認めなかった」

溝口知宏、並んで座っている。

スーパー　息子・未認定胎児性患者
溝口知宏

溝口「百八十センチ、八十キロの巨体が何もしないんですよ。私はこの子がおったから提訴もしたんです、一つは。こういう状態でありますか？検診の仕方、認定の仕方と。情けないですよ、私は」

支援者たち、大勢の取材者、カメラが並ぶ。

溝口「県知事さん、何とか言ってみて、この子に。よく見てくださいよ。

潮谷さん、一言お願いします」

潮谷知事「……」

スーパー　熊本県知事　潮谷義子

山口弁護士の声「奥さん、何かお話しになることありますか」

溝口の妻「もう主人が言ってます」

山口弁護士の声「そうですか」

潮谷知事「本当に、日々、日々大変と思います。でも、どうぞ息子さんのことを含めて、本当にお元気でお過ごしいただきたいと、それ以外に……」

溝口「元気では過ごせませんよ、こんな子だから」

潮谷知事「私は、お二方のご健勝も含めながら、本当にそういう言葉しか言えないと」
溝口「認定してくれませんか。あんたたちは、緒方正実さんは認定しましたよね。保健手帳にもならなかった人を認定しましたね」
潮谷知事「まあ、あの認定に関しては、私たちは……」
溝口「保健手帳にもならなかったんでしょう」
潮谷知事「いえいえ、あの……」
溝口「『いえ』じゃない」
潮谷知事「……」
山口弁護士「一本の電話、一枚のはがきを県から各医療機関に出せば、それでカルテが保存されたんです。言葉と裏腹に、実態的なそういった欺瞞を行政はしておきながら、やむを得なかったという一つの言葉で、今まで県はこの裁判でもそれを言いました。それにだまされた司法が同じようなことを踏襲して判決を出している」

スーパー　支援者　宮澤信雄

宮澤「関西訴訟の大阪高裁の判決があったときに、こちらへ伺いました。知事が知事になったばかりのときでした。どうぞ上告はしないでほしいと関西の原告、支援者と一緒にお願いいたしました。ところが、それを振り切るようにして五月十一日、まあ国の言うなりだったんでしょうけれども、上告しました。その結果はどうだったでしょうか。あのとき、私は知事に申し上げました。知事が知事であるということの意味を、水俣病において示すべきだ」
県庁職員「よろしいでしょうか。公式行事で、絶対外せない用件が入っておりますので」
山口弁護士「控訴いたしますんで、今後ともひとつ」
山口弁護士、潮谷知事、立ち上がって会釈。
潮谷知事、退席。

×　×　×

溝口の教え子が発言。

スーパー　溝口書道教室教え子　永野三智

三智「私は水俣で生まれて溝口先生に、小学生のときにずっと書道を習ってたんですけど、裁判に行くうちに、本当に苦しんでる人たちがすごくたくさんいて、私は水俣病じゃないから水俣病の人の何分の一も全然そういうのはわからないと思うんだけど、でも何かすごく、今回はというか、聞いてすごく悔しかったです。だから、ちゃんと正しい判断をしてください。お願いします」

47　水俣市・溝口宅庭先
溝口夫妻、一斗缶のたき火で暖をとっている。

監督の声「疲れましたでしょう」
溝口「そうでもなかったですね。すかっとしたかなちゅうんですか。ハハハ、あんな幼稚な判決文を聞いて、ハハハ」
監督の声「控訴されます?」
溝口「まだ、私、わからない。ハハハ。要するに、もう金がないわけだからな。控訴するにはやっぱり、金が要るんですかね」
監督の声「裁判するお金、要りますすわね」
溝口「お金は全然ないわけだから、ハハハ」
妻、たき火に手をかざす。
妻「暖かいな、これは」
溝口「うん。なかなかね」
監督の声「じゃ奥さん、お聞きしていいですかね。聞かせてくださいな。お疲れになったでしょう」
妻「はい、疲れました」
監督の声「ねえ」
妻「どういうふうになるかと思って、どう言ったらいいかなと一生懸命考えていました。でも、私の言葉は主人と一緒ですと言ったでしょう。子どもがああいうふうに生まれてきたっちゅうことは、本当にかわいそうですよ」
溝口「それを言いたかったんです。それで提訴に踏み切ったんですからね」
妻「ずっと言ってきたんですよ」
家の奥から電話が鳴る音。
溝口「ちょっと出てごらん。誰だろうかね」
妻、家の奥へ。

溝口「しょっちゅう電話かかってくるんですね」
電話応対する妻の声「はい、おはようございます」
　妻、戻ってくる。
妻「渕上清園さん、書道の先生です。頑張らんばっちゅうて」
　電話応対のため席を外していた溝口、戻ってくる。
溝口「今、私の書の師匠が電話。やっぱりすごい反響があって、『おい、徹底的に頑張れ』って言ったですよ」
妻「そう言いやった?」
溝口「うん。そら、相当な知識があって勘も鋭いしね。最初は書の師匠だった。ずっと支援者の人がいっぱい応援してくれて、今ごろはそういう交流ができたということは、私の人生の宝物なんですよね」
〈タイトル〉
溝口さんは昔　書道教室を開いていた
48　同
　溝口夫妻がインタビューに答える。
妻「先生、先生って、みんながやってくるんですよ」
溝口「きのうのみっちゃんが先生、先生言うて」
監督の声「みっちゃんって、きのう発言してた女の人ですか」
溝口「後ろで、女の」
×××
　インサート　県庁交渉で発言する三智
三智「ちゃんと正しい判断をしてください」
×××
溝口「姉ちゃんのほうが習いに来よったんです、ここに。みっちゃんは日本昔話ですか、ああいうのを正座して必死に見てるんですよ」
妻「テレビば買うてくれん、テレビを」

溝口「テレビはだめっちゅうことで、永野さんが」
妻「うちにお姉ちゃんが書道を習いに来よったけん」
溝口「よう座ってテレビを……」
妻「四歳やったよ」
溝口「正座してね。かわいかった姿、忘れられんもんね」
妻「忘れられんもんな」
監督の声「溝口さんの物すごい人生は、また改めて聞かせてくださいね」
溝口「ハハハ、もういいですよ。それはびっくりしますよ、あんたたちは。私たちは大きな牛を使って山から木材を搬出してた。熊本県一じゃないかというような大きな牛を使ってやりよったんですよ。ほんで、これ。牛が指を持っていった」

溝口、第二関節より先がない、左手中指を見せる。

監督の声「……ええ!?」
溝口「仕事中に牛が、ばあって（引いた）」
妻の声「はよ引いたそうですよ。こんな大きい……」
溝口「……しようとしたら、ばあっと引いたから指を持っていったね。連れてきたら、牛が涙をぽろぽろやってる（流してる）んですよ」
妻の声「私は牛に『お父さんをどうしたんだって？』って言うたです。そして『ちゃんといいちゅってから、どうして引かなかったの？』ちゅうたです、人間に言うようにして。そしたら、もうゆうっとこうして吊り上げとった鼻をこうして上に。ここに大きい木をしてでした。それで、涙ばらばらって出したんですもん」
監督の声「牛がですか」
妻「はい！」
溝口「そうですよ」

溝口、火吹竹でたき火に空気を送る。火が燃え続ける。

スーパー　溝口さんは弁護団と相談し
福岡高裁への控訴を決断した

○互助会裁判VS特措法と和解の動き

49　水俣市・ミカン山
大粒の雪が降る。実をつけた甘夏みかんの木。

50　水俣市・山の俯瞰
降り続く雪の向こうに、山々が連なる。

51　水俣市・山（早朝）
昇る朝日と山のシルエット。

52　水俣市・ミカン山・道
佐藤たち、早朝から作業のため集まっている。
監督の声「おはようございます」
佐藤「おはようございます」

53　水俣市・ミカン山
佐藤、甘夏ミカンを収穫している。
スーパー　水俣病被害者互助会　佐藤英樹
スエミ、甘夏ミカンを収穫している。
スーパー　水俣病被害者互助会　佐藤スエミ
モノレールの運搬車が、甘夏ミカンでいっぱいのコンテナを引いて急傾斜を上がっていく。
佐藤たちは、到着したコンテナをトラックの荷台に積み込む。

〈タイトル〉
２００９年
〝水俣病問題の最終解決〟を旗印に
「水俣病特別措置法（特措法）」が成立

54　大阪市・会議室
入り口に貼り紙。
（貼り紙）水俣病被害者救済特別措置法
説明会
多数の参加者を前に役人が壇上で説明。
役人「この制度は、水俣病に見られる症状を持っている方々、そういった方々を今回、救済制度の対象ということで一時金や療養費、療養手当、そういったものが支払われるという制度でございます」

配布資料に、「①一時金　210万円チッソ（株）負担」の記述。

役人の声「①の一時金、1人210万円支払われるという」

役人が壇上で説明。

役人「新たに裁判を起こしたりとか、そういったことをした場合には、その手帳は使えなくなりますよ、ということでございます」

〈タイトル〉

「特措法」の発表を受け和解する裁判が相次いだが佐藤さん夫妻らは反発した

55　水俣市公民館

佐藤夫妻、会見している。

スーパー　水俣病被害者互助会 佐藤スエミ

スエミ「私たちは九十五年政治解決、最後と言われ、あのときは申請をしていましたが、仕方なく医療手帳のほうにいたしました。今になって思うと、患者だましの策にまんまと乗せられてしまったと、今は後悔いたしております。二〇一〇年もまた同じ過ちをしようとしています。低い定額金をちらつかせ、これで早く終わらせようとしている行政の考えは、患者を侮辱した策としか思えません」

スーパー　水俣病被害者互助会 佐藤英樹

佐藤「水俣病の終わりというふうに言われる中、絶対に終わらせてはならないと皆さんも思っておられると思います。これからも私たちはずっと闘い続けていきます。水俣病は絶対に終わりません」

〈タイトル〉

翌日　別団体の臨時総会

56　水俣市立総合体育館

ステージに原告三役、弁護団、議長たち。

（横断幕）熊本地裁解決所見を受けての
原告団総会

スーパー　不知火患者会（ノーモア・ミナマタ訴訟）
原告団総会

進行Ａ「ご起立をお願いいたします」
フロアの大勢の参加者たち、起立する。
進行Ａ「黙祷」

×　×　×

弁護士Ａがステージの演壇で話している。
弁護士Ａ「『裁判所が二百十万という所見を出したのはどうしてか』というご質問なんでしょうが、多分、九十五年、平成七年のときよりも救済対象者の範囲は広がったということが一点。それから、国のほうが強固に九十五年、平成七年のときとは同じにはならないんだと、そういうことを主張した結果じゃないかなと思っております」
原告三役の一人「ですから最低限、医療費の補助は（不明）とおきたいと思います」
フロアにいる原告の南アユ子、発言。
アユ子「原告になっている方で十一名が救われませんよね。残りますよね。その子たちのことを同じ原告であって、これで解決できないというのが、私も一人の親として、子どものことを一緒に解決できなかったというのがとても残念でなりません」
弁護士Ａ「対象にならかなった場合があったとしても、やはり仲間として、被害者なんだという気持ちになり、団体一時金の中から支給をする。我々は被害者として認める」
議長Ａ「よろしいでしょうか。それではそろそろ討論と質問を打ち切りたいと思いますが、よろしいでしょうか」
フロアから拍手。
議長Ｂ「反対の方、挙手をお願いいたします。カウントが終了するまで手を挙げておいていただきます」
フロアで倉本朴、一人が手を挙げ続ける。

議長B「それでは賛成の方、挙手をお願いします」
議長A「賛成の方は挙手をお願いします」
倉本とアユ子らを除く原告らの手が続々と挙がる。
議長A「ありがとうございました」
議長C「それでは、反対一で多数が賛成です。提案を可決いたしました」
大きな拍手。
スーパー　不知火患者会は特措法による和解に応じノーモア・ミナマタ訴訟は終結した

57　水俣市・倉本宅
仏壇の前で、倉本朴とユキ海がインタビューに答える。
スーパー　未認定患者　倉本朴
スーパー　未認定患者　倉本ユキ海
監督の声「最後に皆さん、決を採りますと。賛成の人は手を挙げてくださいとかあったじゃないですか。反対の人は、手挙げてくださいって言われて、たったお一人だけ手を挙げた人がいました。私それを見て、物すごく感動したんですわ。ああいうときって、手を挙げにくいでしょう。どういう理由で自分はあのとき反対したかっていうのを、改めてお聞きしたいんですけど」
倉本「あのときは、自分の心に許されんだったですよね。国が水俣病っちゅうことに謝ることもなし、また、加害企業のチッソの態度が臭いもんにはふたをしろっちゅう。これだけやるから、もうおまえたちはこれから何も言うなっていう押え込みをするような、自分の心に納得がいかなかったんです。五十年も放ったらかして、そして、不知火海沿岸の住民の人たちの検診っちゅうこともしなくてですね」
ユキ海「まさか、和解に持っていくって思わなかったね。総会前、最初、大石（原告団団長）さんは頑張るぞってすごい張り切ってたんですよ」
倉本「うん。一生懸命やっていられたのに。みんなもう年とっていくし、また、こういうことは、はよもろうたほうがよかとって言う人が多くなったんじゃないでしょうかね」

ユキ海「いきなり『反対の人』って言われたから、私はどきっとしました。そしたら父は何のためらいもなく、さっと挙げましたよね。いつまでも挙げてて疲れてきたから、私、肘を支えてましたけど、ただ、手を挙げたときに、後ろにいた、多分、天草のほうの方だと思うんです。少し若い方たちが『何や、反対すっとかい』って。父はちょっと耳が遠いから聞こえなかったんですけどね。『何や、反対すっとや』って言われたから、『はい』って私が返事したんですよ。『賛成せじゃ』って、『金でももらわじゃ』って言われました。

お父さんだけじゃなくて、どうしようか、どうしようかって迷ってた人がいたらしいですね。私たちは見えませんでしたけど、記者さんが上から見てて、どうしようかなって、こんな感じで」

58

水俣市・エコパーク水俣

南アユ子、インタビューに答える。

スーパー　どちらにも手を挙げなかった　南アユ子

監督の声「南さんは、反対には手を挙げなかったのは？」

アユ子「はい。反対には手を挙げませんでした」

監督の声「それはどういう理由ですか」

アユ子「やっぱり、私が手を挙げたら、皆さんが見てらっしゃいますから、何でというのが、皆さんに動揺が行くかなと思いましたんで」

監督の声「賛成のほうに手を挙げなかったということは、賛成に手を挙げなかったよねって、どうせ言われるでしょう」

アユ子「天草の人たちと一緒のところに私は座っていましたし、だから、周りには多分気づかれないかなと思いましたんで。

私は、四十四年六月生まれの自分の娘がおりますので、その子たちを助けたいというのがあります。それと、天草の人たちに、手帳だけでもいいから、皆さんにもらってほしいというのがありましたんで。お金は微々たるもんですから、お金よりも手帳です。病院に自由にかかれる手帳が欲しいんです。皆さんも高齢ですからね。八十過ぎとか、七十過ぎの方たちですので、病院に行きたいんだけどどっていう。年金だけでは食っていくのが精一杯という。希望なんですね。だから、手帳だけ下さいって言われます」

59　水俣ほたるの家

広間でテレビのニュースが流れる。

ニュースのスーパー　水俣病訴訟和解合意

熊本地裁前で弁護士たちが旗を見せている。

（旗）「ノーモアミナマタ訴訟」

「基本合意が成立」

記者「原告の高齢化が進み、早期の解決を望む声が多いのも受け入れの理由の一つです。提訴から四年半、原告数が二千人を超える不知火患者会の裁判が和解する見通しとなったことで、三万人を超えるといわれる未認定患者の救済問題は、全面解決に向けて大きな節目を迎えます」

60　水俣市・もやい館

佐藤夫妻が並んで記者会見。

スーパー　水俣病被害者互助会 記者会見

佐藤「こんにちは。私としてはとても残念としか言いようがありません」

スエミ「私たちは裁判で、本当の救済をしていただくために、これから一生懸命闘っていきたいと思っています」

佐藤夫妻、監督の取材に答える。

監督「私らから見たときに、わずか二百十万というお金で、おまえたち、魂を売り渡したんとちゃうかって、はっきり言えばそういうことのように」

スエミ「そうですよ。そうです」

監督「見えますよね」

スエミ「はい。全くそのとおりです」

監督「そういうことですよね」

スエミ『はい』

佐藤「ああいうので納得するんかなと思うんですね。私たちもそうなんです」

監督「ねえ！」

スエミ「そうです。これから何十年も苦しんで……」

佐藤「この水俣病の救済の中でも、一番最低のですよね」

監督「そういう怒りとか、人間の尊厳とか、そういう……魂をそんなに簡単に売り渡していいんかいっていうふうに」

スエミ「私たちもそう思います」

監督の声「言い切っていいんじゃないですかね。どうなんです？」

スエミ「そうですね、全くそうと思います」

佐藤「ここでこういう幕引きされると、水俣病だけじゃなくて、ほかの公害にも影響するんじゃないかというふうに思うんですね。さっきは被害者と言ったけれど、患者なんですよね」

スエミ「患者意識が薄いんじゃないかと思うんですよ。患者と思えば、何十年ってこれからも生きていくわけですし、苦しみとも闘って、付き合っていかなきゃいけない。それなのに、こんな卑怯な行政のやり方に乗ってしまう」

佐藤「あんなのでよう納得するなとかね、前の人もだし、申請してない人でもそんなこと言ってるんですよ。でもそういうことを私たちは言ったら、また、いろいろある。ここはですね、やはり言えないとこもあるし。ハハハ」

監督「きのう面白かったですよ、人ごとふうに見てる分には」

声「行ってきたの？」

監督「きのう行きましたよ。全員手を挙げるだろうというふうな読みがあったんで、じゃ、一目見てやろうと。一人だけでした、反対してる人」

○水俣病と映像・映画

61　録画再生モニター画面
タイトルバックに、コップを持つ手が震える人物のシルエット。
スーパー　NHK「日本の素顔」奇病のかげに（1959年）

62　水俣市・生駒宅・居間
生駒、インタビューに答える。
監督の声「NHKのクルーが撮影してるのを側で見てたわけ?様子を?」
生駒「そうです。壁でこうして飲むでしょう。あれはスタッフがやったんです。みんなにしろと言ったけども、あれは、影を映して、スタッフがやったんです。こうして飲んで」

×　×　×

インサート　録画再生モニター画面
『「日本の素顔」第99集奇病のかげに』のタイトルバックで手が震えながら、コップを持ち、飲む人のシルエット

×　×　×

生駒、インタビューに答える。
生駒「で、奇病のかげと名前をつけたんです。あれは」
監督の声「スタッフがやったときに、生駒さんはその様子を見てたん?」
生駒「私は全部撮影するのを見てたんです」
監督の声「本当は、患者の人がこうやって震えるところを……」
生駒「そうしてくださいって言ったんだけども、誰もしなかったんですよ。そんなことできるかと」
監督の声「でも、あの影を見ると、あれをスタッフがやったとは、誰も思わないですね」
生駒「思わないんです。うまかったですよ」
監督の声「うまかった。うまいというか……」

生駒「うん。芝居、うまかったですね、あの人。その当時は、一生懸命そうして写されたんですから、やっぱり、奇病のかげちゅう言えば、患者さんかなと思ったほうがいいんじゃないかなと、私は思います。これは違う人がしたんですよっちゅう言うたら、やっぱりがっかりしますよ」

63　宮澤宅・書斎
　宮澤、インタビューに答える。
　スーパー　元ＮＨＫアナウンサー　宮澤信雄
宮澤「ロケのときなんか車を運転して現場へ行くわけでしょう。その運転手さんだったんじゃないかな。ふとね、最初のお茶わんを持ってこうやって、あの映像は患者じゃない人がやったんだよというのを聞いた覚えがあるな。僕は、へぇと思いましたよ。けしからんとか何とかっていうんじゃなくて。だって、あれは象徴的な画面でしょう。本当の患者としか思えないし、実際に、患者さんはあいう茶わんの持ち方をして。この間、集会に来ていた生駒さん、あの人にお水を飲ましてごらんなさい。まさにああいうシルエットが今でも撮れるわけですね。だから、本当の患者がするであろう動作を彼は模して、一番画面に効果的な背景というのか、要するに、影が映るようにやって見せたわけでしょう。私は、演出としては悪いことだとは思えないな」
監督の声「そうですか」
宮澤「ええ。ある真実を映してるわけですからね」

64　映画「水俣・患者さんとその世界」
　スーパー　土本典昭監督
　　「水俣・患者さんとその世界」
　　　（１９７１年）
　チッソ株主総会のシーン。
江頭社長「私は、当社取締役社長江頭豊です」
　客席にいる患者さんたちの怒号。
　弁護士、学生たちが舞台にいる社長に迫る。
宮澤の声「これは、もうすごいことだと思いましたよ。というのは、患者さんたちが、とにかく社長とじかに会いたいんだと」

宮澤、自宅でインタビューに答える。

宮澤「その方法として株主総会に乗り込めば、社長と相対で話ができるよって、それを言ったもんですから、それはすばらしいと。よし、やろうということになってね」

65 水俣市・堀宅・リビング
堀、インタビューに答える。
スーパー「水俣・患者さんとその世界」
助監督　堀　傑
堀「土本さんは、堀くんね、一株運動っていうのをやることができるらしいんだよな。日本でもそれ言ってる弁護士がいると。それが後藤孝典だと」
スーパー　後藤孝典（チッソ告発運動を牽引した弁護士）
堀「患者さんに紹介して、それは市民会議の人たちも一緒になって話をして、それは面白いって話になっていくわけですね」

66 映画「水俣・患者さんとその世界」
患者さんたち、市民会議の人々が集っているシーン。
後藤弁護士「これは提案なんですがね、株主総会へ押しかけようではないかということなんです。直接にね、目の前にいる会社の幹部、社長に向かって言う場を僕はつくりたいということなんです」
声「株主たいな」
声「ハハハ」
後藤弁護士「そや」
声「もうお前駄目やけん、辞めろちいうふうに言えるわけ」
後藤弁護士「それを言いに行こうというわけです」
患者さんたち、支援者たちの笑顔。
堀の声「ドキュメンタリーってあんまり演出がないみたいな話があったけれども、僕はあの映画は、かなり演出してるなという印象を持ってたんですね」

堀、自宅でインタビューに答える。

堀「彼（故・土本監督）自身が、常に活動家であろうとしたんだろうと思うんですね。やはり、患者の人たちと出会うことで、患者さんたちの思い、それを直接会社にぶつけたいという、そういうのを感じたんじゃないですかね」

67　映画「水俣・患者さんとその世界」

株主総会の舞台上、白装束のお遍路姿の患者さんたち、江頭社長に迫る。二つの位碑を手にした浜元フミヨさんが、江頭社長の胸もとに取りつく。

フミヨ「子どもだけ。あんたはどうしますか！あんたも親でしょう。両親ですよ。（聴取不能）ようわかっとりますか！」

患者さんたち、尽きぬつらみをぶつける。

宮澤の声「『そう、社長と会えるんですか』っていうことでしたよ。それじゃ、巡礼姿で大阪へ乗り込もうっていうんでね。それからみんなで御詠歌の練習を始めて、意気揚々とやったんですよ」

宮澤、自宅でインタビューに答える。

宮澤「裁判というのは、今ひとつ何か隔たってるわけでしょう。代理戦争ですからね。チッソだって社長が来るかって思ってたら、来なかったって。変な弁護士ばっかりじゃないかって、患者さんたちは腹を立ててるわけでしょう。だから、せめて証人で引っ張り出したいっていうんだけれども、結局は、元工場長の西田さんでしょう、せいぜいね。だから、社長とじかに会える方法は何かないかってことをずっと考えてたわけでしょう。そこにその話が降って湧いたもんですから、それ行けってということで、みんな意気揚々と行ったわけですよね。私は患者さんたちの一番側にいて、変な言葉で言えば、親衛隊の一人として付き添っていたわけですよね。舞台の上で、これで株主総会を終わりましたという垂れ幕が下りると、学生が行って、引きちぎってね……」

68　映画「水俣・患者さんとその世界」

株主総会のシーン。

後藤弁護士が舞台で、江頭社長に迫っていく。

舞台の垂れ幕『決算議案は可決されました』が引きちぎられ落下。

患者さんたち、客席で御詠歌を唱える。

患者さんたち、舞台で江頭社長に迫る。

宮澤の声「後藤弁護士が『議案を提起する』って言って、こう振りかざしながら、つかつか進んでってね。そして、『患者さんたち、こちらいらっしゃい』って呼んで、みんなが御詠歌を唱えながら舞台へ上がっていく。そのとき行動を共にしたわけですけどね。何か本当、そのまんまずっと遠い、高いところへ昇ってるような、そういう実感がありましたね。社長に向かってこう迫っていくね。そして、ご両親の位牌を突き付けて、そのとき私は側にいて」

69　宮澤宅・書斎

宮澤、自宅でインタビューに答える。

宮澤「やっぱり、水俣病の被害者の人たちが、自分たちは被害者なんだっていうことの、何ていうかな、自覚といいますか、被害者意識っていうと変な言葉になりますけども、自分たちは本当に、チッソの廃液によって健康も何も全てを損なわれた被害者なんだという自覚がどのくらい強いかということだと思うんですよね。それが強ければ、怒りが強い。で、チッソに迫ろうという思いがあるでしょう。

ところが、今はごらんなさい。もう和解だ、和解だということになって、雪崩を打って和解でしょう。で、わずか九人の原告で裁判が今続いてますけれどもね。もしかしたら（関西訴訟の）最高裁の判決がなければ、もうずっと泣き寝入りしていたはずの人たちが、何万人と今、不知火海の周りから立ち上がったわけでしょう。でも、しょせん、そこまでです」

監督の声「ですよね」

宮澤「ええ。もう和解でいいんだ。自分たちはこの程度の、果たして被害と思ってるかな。非常に私はその辺、あの人たちをくさすわけじゃありませんよ。だけど、現実問題として、これでいいんだっていうのは、やっぱり被害者としての思いが、当時と比べると全然違う。一次訴訟の互助会のあの人たちだったら、僕は本当にどこまでも一緒に行くぞって。その延長上に今もいるわけですけれどもね。今の、さあ和解だ、さあ和解だって言ってる人たちと行動を共にする思いは全然ありませんね、申しわけないけれど」

監督の声「ねえ」

○佐藤夫妻

70　不知火海（早朝）

夜明け前から、小型船に乗った佐藤、タチウオ漁をしている。

監督の声「釣れるほうなんでしょう、きょうは」

佐藤「いや、まあまあってところですね」

監督の声「こんなもんなんですか」

佐藤「はあ」

佐藤、次々とタチウオを釣り上げる。

71　水俣市・茂道漁港

船から降りた佐藤、知人に声をかける。

佐藤「丸焼きや」

知人Ａ「バター焼き」

佐藤「タチ（ウオ）、持っていかんな」

知人Ａ「ありがとう。いただきます」

知人Ａ、ビニール袋のイカを見せる。

佐藤の声「ことし、春、産まれた」

監督の声「産まれたばっかり。へえ」

佐藤、タチウオを二匹、知人のビニール袋に入れる。

知人Ａ「ありがとう」

佐藤と知人Ａ、港に戻ってきた船を見る。

知人Ａ「ヨウイチじゃ」

佐藤「あ、釣れとらんぞ。かご、上げに行った」
知人A「かご、入ってなかった」
　佐藤と知人A、港に戻ってきた知人Bに声をかける。
知人A「どうでしたか?」
知人B「全然」
　佐藤と知人A、知人Bの釣果を見る。
知人A「ヘラとタチやね」
知人B「やろうか、ヘラ」
知人A「ヘラ、持ってかえろうかね。どっかに持ってくで」
　知人B、船の生けすから魚を三匹網ですくって、船着き場のがん木に投げる。
　知人A、拾ってビニール袋に入れる。
知人A「(一匹を佐藤に見せて) どげんな、刺身に」
佐藤「よか、フフフ」

72　水俣ほたるの家・外
　スエミがタチウオを洗っている。

スエミ「これは、タチウオです」

〈タイトル〉
佐藤さんに昔の漁師時代の食事を再現してもらった

73　水俣ほたるの家・外
　スエミがタチウオをさばいている。内蔵からイリコが出てくる。
スエミ「(タチウオが) イリコを食べとっとですよ。イリコちゃん」
　スエミ、手際よくタチウオをさばく。
スエミ「魚、毎日食べてたからね」
　魚のあらをぶつ切り。
スエミ「そうめんのだしに骨は要ります。おいしかですよ。昔は魚の下地でばっかりでそうめん食べてたんですよ」

74　水俣ほたるの家・台所

　スエミ、麦を洗う。谷由布も手伝っている。
由布「麦御飯が一番多かったんですか、食べたの」
スエミ「麦御飯が一番、麦御飯ばっかりだった」
由布「ふうん」
スエミ「うちは漁師だったもんだから、田んぼがなかったんですよ。野菜をつくる畑あったけど、田んぼを持ってなかったのね。ほとんど魚をとって食べさせて生活してたっち感じ」
　スエミ、切ったサツマイモを洗う。
由布「白米食べるのってお弁当か、あと法事のときぐらい？」
スエミ「法事のとき。そうなんです」
　スエミ、沸騰している鍋に魚を入れる。
スエミ「これが、父ちゃんのとってきたビナです。昔、食べてました。しょっちゅう食べてた」
　スエミ、目の細い網に入ったたくさんの貝粒を大きな鍋に広げる。
スーパー　ビナ
スエミ、鍋の魚のだしを味見。

スエミ「おいしいです。魚のだしがよく出てます」

75　同・一室
スーパー　朝食
魚の切り身が入ったみそ汁、麦御飯、梅干し、たくあんの四品。
スエミの声「朝御飯です。麦御飯と梅干しとみそ汁」
スーパー　昼食
魚の大きな切り身が入ったそうめんと、たくあんの二品。
スエミの声「魚の下地で」
スーパー　おやつ
蒸したサツマイモとビナ。
スエミの声「カライモは家でつくりよったけん、カライモ入ったときはもう必ず、カライモ炊いてありましたね。カライモを持って遊びに行ってた」

スーパー　夕食

魚料理を中心に何皿も並ぶ。

スエミの声「魚も刺身も腹いっぱい食べてました」
監督の声「さすが、夜は品数が多いね」
スエミの声「そうですね、夜は。毎日麦御飯で。たまにカライモ入れてあって」

女島の女性達、スエミの料理を試食。

スエミの声「母ちゃんがそうめん好きやったんですよ。だけん、昼はそうめんばっかり食べてた」
女島の女性A「今のようにつけて食うとじゃなかったよ。ようあればね、そうめんば炊こうかち必ず。ありがとう、よか機会ば与えてもろうて」

女島の女性A、眼鏡を外し、ハンカチで涙を拭う。

監督の声「見てわかりますか。昭和二十年代の食事というのは」
女島の女性B「はい、わかります。私たちが体験してきてるから。こういう御飯ばっかりやったですよ。いただきます」
監督の声「今、僕らがこれを見ると、すごいごちそうのように見えますが」
女島の女性B「当時は、私たちにすれば、もううんざりしよった」
監督の声「うんざりしてたんですか」
スエミ「毎日ですからね」
女島の女性A「今にして思えば、同じもんばっかりであんまり。いなかの言葉で言えば、あんばいもんなかったなち言いたかって。腹のひもじかとか満たされてくれば」
監督の声「一人でこれぐらいいっつったら、家族分だから物すごい量」
女島の女性A「いっぱいとってきて、湯がきよったですよ」
スエミ「ねえ、鍋いっぱい炊きよった」

76　水俣市・佐藤宅・居間

スエミ、インタビューに答える。

地図　水俣市　女島

監督の声「女島の生まれで」
スエミ「平生ってところ」
監督の声「湯浦で」
スエミ「学校は湯浦を出ています」
監督の声「でも、女島って何か半島が突き出てて、
　基本的には漁業の集落ですよね」
スエミ「海岸端ですね。平生も」
監督の声「ご両親の職業というのは、やっぱり漁師
　さんですか」
スエミ「漁業。はい」
監督の声「じゃ、もう魚はたくさん食べられた？」
スエミ「もう幼いときから毎日食べて育ちました」
監督の声「そうですか。そのころ、猫をたくさん飼っ
　てたわけでしょう」
スエミ「飼ってたんじゃないんですけど、魚をうち
　はさばくもんですから、あちこちから野良猫が
　寄ってきて、その魚を食べに来るんですよ。父母
　が魚をこしらえるでしょう。頭とか内臓とか出る
　じゃないですか」

記録映像　魚のあらを食べた猫がよだれを垂
　らし震える。
　おぼつかない足取りの猫。
スエミの声「それを食べると必ず吐いてたんですよ、
　猫が。なんで魚を食べると吐くんだろう。具合が
　悪くなってげえげえ吐くんだろうちゅうのを幼心
　にずっと思ってたんです。私は母にも聞いたんで
　すけど、『なしてやろうかね』ち母ちゃんたちも
　言ってました。それはずっと頭に残ってます」

〈タイトル〉
二人自身も　外からは見えない形で水俣病の
症状に悩まされている

77　同・居間
　佐藤夫妻、インタビューに答える。
監督の声「いつぐらいからですか、その自覚は」
佐藤「自覚というか、ただ……」
監督の声「この間も聞きました、自覚は持ちようが

ないって」
佐藤「うん。どういうのが水俣病か知らないわけですね。からす曲がりとか、立ちくらみ、目まい、耳鳴りなんか、私は小学校の後半からはあったんですよ」
監督の声「小学校からあったんですか」
佐藤「あった。ただ、それが水俣病かどうかは自分では」
監督の声「当時はわかりませんよね」
スエミ「私は頭痛がひどくて、やっぱり小学校の低学年からよく吐いていたのを覚えています。あ、これも……」
　スエミ、左右の人さし指、中指と順に開く。
スエミ「一、二、三ができないんです、全然。三が、薬指が伸びないんですよ」
監督の声「小学校のころからですか」
スエミ「ずっとちっちゃいときからです。全然できんとですよ。鉄棒とかも力もあんまりなかったし、逆上がりとかも苦手だったし、それから、足を一番上に上げてぶら下がるのがあったんですけど、上から落ちたりとかして、運動は得意じゃありませんでした」
監督の声「結審するのに、まだまだ二年ぐらいかかると皆さんは読んでらっしゃるんですか」
佐藤「まあ、今度の進行協議の中でどうなるかは、大体そこではわかると思うけど、一年かかるか、二年かかるかですね」
監督の声「そして、まず控訴審へってなっていくでしょう。そして最高裁まで。合計すると、何か大分先ですよね」
佐藤「もうちょっと年数的にはかかるかな。今までの裁判を見たら、川上さんたちなんかは高裁までも十何年とか二十年はかかってたわけでしょう。私たちに比べれば相当な年数かかってきた。私たちはそれに比べると短いほうだから、のんびり闘っていこうかと、ハハハ」
監督の声「ハハハ、そうですか。わかりました」

○川上さん裁判　突然の終結

78　大阪地方裁判所・前

川上と三人の弁護士が裁判所へ向かう。

スーパー　原告 川上敏行

スーパー　高齢のため地元の大阪地裁で尋問が行われた

スーパー　大阪地方裁判所

本人尋問

79　同・司法記者クラブ内

取材者たちが待つ中、横田に支えられ現れた川上、段差に足をひっかける。

中島弁護士「やっぱり歩けないからね。すっすとは」

横田「そうそう」

川上、会見する。

川上「私も尋問を受けながら、長い年月を思い浮かべながら、三十七年間どうしてっていう疑問だけが頭の中に残っております」

取材者の声「川上さん、最後のほうで、後の方々にも役に立つということであればとおっしゃいましたですよね」

川上「はい。こんな公害はこの水俣だけじゃなくて今からでも起こり得るかもしれないっていう考えから、私は先は短いから、私のあれはもう要らんけども後の方々に、これから先のあれに何とか役に立ててほしいという気持ちから出た言葉ですねん。認定もしてもらわんでもいいんです、先が短いんやから。死んだら要らんのですからな。それで、私が亡くなった後に、もしこうしたあれがあったら、それに法的なことを付け加えていただいて守っていただいたら、それが一番最後に残る遺言やという気持ちも私にはあるもんですから」

会見終了。

川上「どうもありがとうございました。（取材者に）よろしゅう言うとって、ハハハ」

川上、立ち上がると、会見テーブルの近くで録音をしていたスタッフの長岡に声をかける。

川上「久しぶりやな」
長岡「お久しぶりです。お元気そうでよかったです」
川上「(監督に向かって) おい！ハハハ」

80　熊本大学医学部・浴野研究室
　　監督、研究室を訪ねる。
監督「(ドアを叩く) おはようございます」
浴野「(ドアを開いて) へへへ」
　　浴野、コーヒーの準備。
監督の声「裁判、先生、やっと出番が来たというか」
浴野「証言。うん」
監督の声「割と早く裁判が終結しそうなことをちらっと聞きました」
浴野「どっちになるかわからん。棄却されるのか、認定されるのか。認定されたらおしまい」
監督の声「認定されたらおしまい?」
浴野「だって、認定を求めた裁判だから、認定されたら終わっちゃうんですよ。とにかく、今、波風を立てずに終えようという方向が非常に強いみたいで」

〈タイトル〉
裁判が県に不利に進んでいるため判決が出る前に「認定」を出してくる可能性が出てきた

81　熊本大学医学部・浴野研究室
　　浴野、インタビューに答える。
浴野「裁判長の悩ましいのは、最高裁で水俣病って言われた人を、また裁判で水俣病じゃないっていうことを言うたら、えらいややこしいじゃない」
監督の声「うん」
浴野「たとえ認定という法律上の問題であっても、法律上を求めたときに、ほんなら最高裁の権威は失われてしまうわけだから、多分、裁判所もしんどいと思うんですよね。だから、早く出しなさいって言うとったんですよ。認定してしまったら、処分保留ということはなくなるわけですよね。そうすると、裁判自体なくなっちゃうんですよ。だから、実質勝利になるけど、裁判は残らないですよね。裁判はもう途中で消えてしまいますよね」

監督の声「水俣病の病像論の本質を問うことがなくなるということですか」
浴野「なくなる。僕は、前に出たけれど、今度を最後にしてくれと。僕が出るっちゅうことは、熊本で村八分の最先端を走るわけですからね。みんな今でも『浴野さんは老後、熊本では就職先ないですね』って言われとるぐらいなんだからね」
監督の声「そうですか」
浴野「いや、ないよ、そらもう」

82　熊本地方裁判所への道
　浴野、弁護士、横田たち、裁判所に向かう。
　　スーパー　熊本地方裁判所
　　　証人尋問

83　熊本地方裁判所近く
　浴野、インタビューに答える。
浴野「何も気負いがないですよね。前もそうですけど、僕は学問的には非常に確信を持ってるんだけど、ただ、それが行政とか立法とか司法でどう判断されるかは、わからないのが今の世の中やと思ってますから、どうやって自分の科学を説明できるかが今回の裁判の証人尋問かとは思ってますけど」
　中島光孝・村本純子・井上健策弁護士、インタビューに答える。
監督の声「どうですか。勝算っていうふうにお聞きしていいのかどうか、私、わかりませんが」
中島弁護士「裁判というのは、勝算はなかなか弁護士の口から言えないわけですけども、理屈から言えば、当然、こちらが勝ってるというか、合理的な主張をしてますので、浴野先生は科学的な証明をしていただけると」
監督の声「本当のところはどうですか」
中島弁護士「本当のところは、勝てると思ってます」
井上弁護士「きょうは、これまでの勉強の発表会みたいなもんなんで、何とかちゃんと浴野先生の見解を引き出せるように、今から一時間後ぐらいにはもう始まってますけども、きっちりやってみたいと思います」
監督の声「何か、イッツ・ショー・タイムっていう
感じですね」
中島・村本・井上弁護士「ハハハ」
84　熊本地方裁判所・門
浴野、弁護士たち、裁判所に入っていく。
〈タイトル〉
2011年7月6日
川上夫妻の認定通知が熊本県から届いた
85　東大阪市・川上宅・玄関
雨の中、傘を差した監督が川上を訪ねる。
監督「川上さん、おはようございます」
川上「（家の中にいて）……」
監督「突如来てすいませんね」
86　同・居間
川上、着替えながらインタビューに答える。
監督の声「びっくりしまして、県の決定が出たんで
しょう？」
川上「はい」
監督の声「あれ、聞いてびっくりしたんですよ、私
たち」
川上「……フフフフ……びっくりするほどじゃない
がな、三十八年やもの」
監督の声「でも、まさかこういう形で、裁判の途中で」
川上「本当にあんた。やはり、熊大の浴野先生の証
言が大分、効いてますね」
着替え終わった川上、インタビューに答える。
監督の声「要するに、認定するという決定が出たっ
てことでしょう？」
川上「そうですねん、認定ですから」
監督の声「県から直接連絡があったんですか。電話
があったとか、手紙が来たとか」
川上「認定書を持ってきてくれたんです」
監督の声「持ってきたんですか」

川上「はい」
監督の声「じゃ、見せていただいていいですか」
川上、封筒から認定書を出して、見せる。
川上「こんな紙切れですけど、フフフ」
監督の声「紙切れ一枚でも見せてもらっていいですか」
監督の声「（認定書を読み上げる）昭和48年5月4日付けで受け付けました水俣病認定申請については、あなたの疾病が水俣病であり、健康被害の救済に関する特別措置法第3条第1項の規定により認定します。平成23年7月6日」
川上「職員が二人来て」
監督の声「ここへ？」
川上「そんな、怒って、もう体をかき破ろうぐらいに腹立ちましたけど、若い人たちゃったでしょう。ああ、この人たちはもうやっぱり。あんたたちに怒るわけにはいかんから、帰って上司に、そういうあれを伝えてくれということは言うてやったんです。あの人たちにはかわいそうやけど、一言二言は言おうかなとは思ったけども、我慢したんです」
監督の声「認定してくれたことはよかったなとは思うものの、何となく、これでいいのかっていう。つまり……」
川上「これで、やっとしまいと思うんやけども、県も国も何も手を打ってくれんのは当然やなと思って、私も諦めとる」
監督の声「それじゃ、今の川上さんの気持ちはやっと認定でよかったという……」
川上「いや！よかったたっては思いません。はい！私は今ごろかという。何の補足もつかん認定を何するかという気持ちですわ。何て言えばいいのか、あんた。たった紙切れ一枚で、三十八年の重みをこれに乗せとるんやから知事も。本当、動けたら持っていって、県知事にこれをぶつけてやりたいぐらい腹立ちますがな！」
新聞記事「申請から38年水俣病認定　関西訴訟原告団長　川上さん夫妻」

87　東大阪市内・病院のフロア
　　カズエ、インタビューに答える。
監督の声「長かったですね。三十八年かかった」
カズエ「そうですね」
監督の声「ああ……」
　　カズエ、目頭を拭う。
監督の声「生きていてください。お願いします」
カズエ「ありがとうございます」
監督の声「（涙声で）よかったね」

88　大阪市・中島弁護士の事務所
　　中島弁護士、インタビューに答える。
　　スーパー　弁護士 中島光孝
監督の声「何が起きたか、いまいち。あっけに取られてるんですよ」
中島弁護士「あっけに取られてるっていう状態ですね」
監督の声「はい。一体何が起こったのかっていうことをですね」
中島弁護士「反対尋問をやればやるほど、こちら側の主張を逆に裏づけると。医学的な知見の集約だとかをきちんとやってこなかったということが露呈してしまうんではないかと。裁判所の判断を得る前に認定してしまおうと。そうすると、結論としては裁判をやる意味がなくなりますので、その問題は明るみに出ないということになりますよね。そういう狙いもあったんではないかという」
監督の声「つまり、これは裁判に、勝ったの？ 裁判には勝ってませんよね？」
中島弁護士「勝ってません、はい」
監督の声「裁判を無理やり……」
中島弁護士「終わらせられた。まあ、これはやっぱり、水俣病それ自体が極めて政治的な、何ていいますか、発覚当時から政治的な対応をとられていて、川上さんについては最後までそういう問題がつきまとってしまったという、そういうおかしな点というか、それは感じますけどね」

監督の声「あと一つ。お金の問題はどうなんですか。補償金というか」
中島弁護士「補償金の問題は、早々とチッソが、川上さんが認定されても、チッソは補償協定は結ばないと。補償いたしませんと、こういう宣言をしていると」

89　大阪府寝屋川市・某大学内
　横田、インタビューに答える
スーパー　認定訴訟を支える会　横田憲一

横田「チッソとの補償協定をやりましたら、一時金が一千六百万円か、一千八百万円。で、年金とか。一方、関西訴訟の場合は、賠償金は勝訴した方は受け取っとるわけですね。それは、そやから支払いはもう済んでると。もし、一千万の賠償金をもろた人がいてはるとしますやん。ほんなら、六百万ほどは達してないわけですな。そやけどもチッソは、それは制度として、もうおまえに払うてるやないかと。そやから、それは法的には済んでると」
監督の声「何となく、私らは何か釈然としないものを感じるんですが。もう一度お聞きしますが、横田さんは、認定を勝ち取ったのはよかったなと思えるって。それもわかるんですが、しかし、何かこれでいいのかって感じが、むしゃむしゃするんですが、どうなんでしょうか」
横田「それは多くの人があります。我々の中でもほとんどそうです。私だけ」
監督の声「私だけ。横田さんだけ違うんだ」
横田「フフフ」
監督の声「横田さん流リアリズムでいうとやっぱり、認定はとったんだからよしとすると」
横田「そうそう。そやからさっきも言いましたように、川上さん夫妻の年齢です。それと、あの……家庭状況が物すごい大きいです。弁護団は残念やと、僕は思ってます。とれるもんがとれへんかったかという」
監督の声「でも、認定はしたんだからね。この認定も裁判という一つの圧力というか、動きがあったから認定になったんだと思います？」
横田「物すごい大きいと思います」
監督の声「ねえ」
横田「物すごい大きいと思います。そらもう浴野先生の論文。ほんで、こちらの主張は物すごく。もしこの裁判がこのように進んでなかったら、僕はどうかなという気しますわ」

90　熊本大学医学部・浴野研究室内
　浴野、笑顔でインタビューに答える。
浴野「すごかったね。もう考えれば考えるほど、向こうが反論のしようがなくて」
監督の声「向こうがでしょう」
浴野「うん。このままいったら、高裁に行っても誰も反論できないんじゃないかと」
監督の声「ああ。悔しさというか、しゃくに障るというか」
浴野「それはないんですよ」

監督の声「それはないんですか」
浴野「論文で明らかになってて。だからたった僕と二宮の仕事を、国と県と全部がやって、どうもできなかったんですよ。僕らはちゃんとやってるわけですから当たり前の話ですけど、やればやるほど僕らの正しさが証明できたわけです。だから、僕は何ちゅうことはないんですよ」
監督の声「何ちゅうことないんですか、ハハハ」
浴野「ただね、誰も褒めてくれんちゅうのは、ちょっと寂しいとこあるんですよ」
監督の声「今回も？」
浴野「褒めるっていう言い方おかしいですね。いい子だ、いい子だっていうんじゃなくて、この仕事を評価するという、この仕事、いい仕事ですねと。だから、この仕事を採用して次のステップに行こうなんていう話が……一切無いの。真空地帯なの、僕の周辺。お金まで真空地帯でしょう」
監督の声「お金も真空地帯」
浴野「何ですか、何か団体加算金で何十億でしょう。

一人二百万で、わあでしょう。医療費、ただでしょう。私はコンピューターすら買えないでしょう」
監督の声「ハハハ」
浴野「だけど、学問は蓋できませんからね。後やっていくしかないんですよ」
寂しげな笑みを浮かべる浴野。

91　大阪市・集会場内
スーパー　チッソ水俣病関西訴訟
最高裁判決8周年のつどい
受付のスタッフ、川上の手をとって出迎える。
スタッフ「よく来てくださって。また、いつもいつも申しわけない」
川上、ハンカチで涙を拭う。
スタッフ「本当に、お目にかかれてうれしいですよ」
声「預かります。ありがとうございます」
川上、涙ぐみながら参加者と会話。
鈴村「認定がおくれて、裁判したから、裁判に勝ったら、今度はその裁判で決着がついてるから認定しないなんて言い出すと思ってなかったもんね。めちゃくちゃだよね。いつまで闘わせるんだと」
川上「国とか、県とかを相手にはもう絶対、素人は、裁判なんかをしちゃならんです、本当に。とにかく、やっぱりお上のほうが強いわけなん」
鈴村「……」

92　同
集会が始まり、進行役が川上に話を聞く。
進行役「どんなふうに思っておられますか。認定されましたけれども、紙一枚だけでしたね」
川上「どんな言うても、県とか政府のあれには、個人ではかないません。本当に、二度と、県とか国とかを相手に個人が裁判するもんじゃないです」
進行役「そうですか」
川上「はい。長いことかかっても、うんとは言ってくれませんのは、政府と県です」
進行役「でも、関西訴訟が最高裁で一応勝利ということで、判決が出ましたよね」

93　川上宅・居間

川上、インタビューに答える。

監督の声「この間、あのとき川上さんがおっしゃった言葉。長くずっと闘ってきたでしょう、国側と。その川上さんが、権力と闘うのはしんどいとおっしゃってたんで、周りの人がちょっとびっくりしてたんですよ。ちょっと弱音を吐くというふうな受け止め方をしたんですよ」

川上「はあ、なるほどね」

監督の声「私もちょっと気になってってね」

川上「まあ、権力というとこは現在もそうですが、政府のあれに、個人で立ち向かうわけですから、勝訴するというようなことは、とても考えられんことですねん。それで、二度と政府あたりには立ち向かわんで、自分の命がないでという、自分だけの気持ちがあったもんですから、そういう発言をしたと思います。余りにも長かったですもん」

監督の声「でも、どうですか。水俣病の裁判を闘ってきて、何ていうか、川上さんの一生は裁判というか、闘いの一生というふうに言っても……」

川上「フフ、はい、過言じゃないです」

監督の声「ねえ」

川上「最初、自分が八百万か幾らかもろうたの、それも全部裁判に出してしまいまして、私は。それで、家内の分と二人分ですから、一千何百万もらったんですけど、二人分で。それも全部、裁判に入れてしもうたんです。そのぐらいはまったんでしたけども、やってみた後で、これは自分たちばっかりじゃない。みんなのあれになってしもうたなって、みんなに価《あたい》してしもうて、空をのぞとるような格好でしたがな」

94　大阪市・集会場内

進行役が川上に話を聞いている。

進行役「しんどい方を余り励ますのも無責任なことになりますけれど、川上さんの相撲甚句を聞かせていただくと、私たちが元気になるんですよ」

川上、相撲甚句を歌う。
川上「浪速名所を甚句に詠めばヨー」
川上・参加者「ああ、どすこい、どすこい」
川上「あぁー、東に生駒　信貴の山
西を流れる淀川の　間に名高い天守閣
白鳥浮かぶは中之島　祭は天満の鉾流し
来山句を読む四ツ橋の　松の緑の大阪城
花の彼岸も天王寺　王将坂田の三吉が
通天閣の赤い灯に　決意も新に涙する
道頓堀や長堀と　水の都の大阪で
所は難波の体育館　しのぎをけずるはヨー
鳴呼　大相撲　ヨー」
川上・参加者「どすこい、どすこい」
参加者、拍手。
川上、涙を拭う。

○胎児性水俣病患者

95　熊本大学医学部・浴野研究室
浴野ともう一名がいる研究室。
浴野「あ。御飯をつくりよった」
監督の声「ああ」
浴野「一緒に、四人で御飯を食べましょう。いいですかね」
浴野、つぼを抱えて持っていく。
浴野「ぬか漬けを、腸内細菌の研究で」

96　同
浴野、カレーライスをテーブルに置く。
監督の声「何カレー？」
浴野「ようわからんのよ。変なとこのカレー粉で、えらい苦労したんよ」
カレーライスを食べ終えた浴野、口元をティッシュで拭うと、満足気な笑みを浮かべる。
監督の声「カレーも大事ですが……」
浴野「ハハハ！」
浴野、インタビューに答える。
浴野「物すごい難しいのがね、例えば、僕が

Neurotoxicologyにとった名前、忘れたけど、メチル水銀のわかった女島の人の娘さんが引きこもりで出てこない。その人、胎児性患者やと思うのよね。多くの胎児性患者は、普通は後ろに引っ込んじゃうんですよ。赤本に書いてある、精神科の先生が言ってるように、非常にシャイで、人間関係が苦手で、そういう人が水俣病の特徴と言われとんですよ。温かみがないって。

ところが、今の胎児性患者、皆、結構人間が好きでいってるから、僕は決して典型的な人じゃないと思うんだよね。

問題なのは、脳が全部やられるとわからんのやけど、弱い細胞からやられると、情報が入っても処理できないから、すぐ怒り出す。これは、前から原さんに言ったんですけども、彼らが家族と会ったときに、非常にアグレッシブなの。物すごく怖い。それは、結局、自分の中でいろんな怒りとか何とかを整理できないのよね。だから、発達障害の子というのはパニックになるじゃないですか。それと似たものがあるような気がする。だけど、日常生活は結構もう訓練されて、それが出ないんですよ。空腹、満腹、怒り、こういうところは脳の中心部にあって、比較的古い脳なんですよ。それは残ってるんだと思う。で、水俣病の怖いのは、そういう脳が、大脳皮質がやられるということで、人間が人間たるゆえんのところが最初にやられるということで、僕はやっぱり怖いんだろうなと」

浴野、手挽きミルでコーヒー豆をひく準備。

監督の声「しかし、そういう研究ってやっぱり、実証的にデータを積み上げていくわけだから、時間がかかる作業ではありますよね」

浴野「だから、皆、嫌なんよ」

監督の声「だから、嫌なんか」

浴野「水俣病をやったら面白いと思うのよ、僕は。業績は、『さあ?』。

俺、こんなことをしてしもうたら、国水研（国立水俣病総合研究センター）の所長に選ばれて、水俣で仕事してくれんかって言われたらどうしようかなと（思っていたが）……」
監督の声「やってください」
浴野「杞憂だった。ハハハ。金も一銭も来んし、完全に俺は透明人間だ。撮ってるの原さんだけよ」
監督の声「そうですか」
浴野、苦笑いでコーヒー豆をひく。

97　水俣ほたるの家
諫山茂、孝子、支援者らが、東京ディズニーランドに行ったときのビデオを観るために集まっている。
監督の声「行きます」
支援者の声「お願いします」
スーパー　胎児性水俣病患者　諫山孝子

98　スチール
ディズニーランドでの孝子たち。
諫山、支援者たち、孝子を移動サポート。
弾けるような笑顔の孝子、見守る諫山。

スーパー　諫山孝子さんはこれまで何度もディズニーランドを訪問している
諫山の声「一つは、私たちがまだ生きとる間にですたい。できるだけのことはしとかにゃあ、もう先はできんとやで。やっぱり、そんなんあるもんですから。それで」

99　水俣市・諫山宅・居間
諫山、インタビューに答える。
スーパー　父・水俣病被害者互助会会長
諫山　茂
諫山「やっぱり、もうディズニーも三度目ですが、それでも本人が行くちゅうなら、もう連れていっとかなちゅう。
ただ生活する面でもですたい、なるだけ暗くならんように、朗らかに暮らすように、それはいつも、気にかけとっとです。やっぱり、家の中が暗くなるのは本人も嫌だろうし。案外、朗らかに今はしとってくれるで、それが助かる」

監督の声「娘を殺して自分も死ぬとか、いろんなそういう……」

諫山「それはしょっちゅう考えるで。やっぱり、このままですたい、残していったほうがよかか、一緒に連れていったほうが本人のためにどっちがよかか、それはしょっちゅう考えるで。ほんで、世間体で言うならそれも犯罪ですばってんが、人から何ちゅう言われたちゃ、それは気にしてられるかちゅうところまで、やっぱり考えるですね。幾ら頼んでも国がしてくれんとやもん、自分でどっちにか決断せにゃ、自分の決断しかなかちゅう、やっぱり考えるですよ。今の何ていうんですか、自爆テロですたい。あん人たちの考え方もそういうのあっとやなかんだろうかと思うとるんです。やっぱり、先に何も望みもなかちゅうなら、身内のために、自分が犠牲になってでもちゅう、そういう考えからすっと、一概に悪いちゃ言われんとやなかだろうかいというところまで考えるですよね。

いろいろ考える。最高裁の判決が出とっとに、判決さえも国は守らんという。それで、『法律を守れ』ちゅう言う資格が国にあるかちゅうところまで考えるんで、私たちは」

100　同・一室

孝子と由布がディズニーの番組を見ている。

スーパー　支援者 谷 由布

由布「もう今、ディズニーチャンネルを見れるようになったので、ずっとディズニーですよ。フフフ」

孝子「好きなだけよ」

由布「姉ちゃん、何が一番好きだっけ？」

孝子「シンデレラよ」

由布「シンデレラね。シンデレラに会うんだもんね」

孝子「うん。シンデレラ、きれいよ」

由布「きれいやもんね。シンデレラ以外は何が好き？」

孝子「オーロラ」

由布「オーロラ姫？」

孝子「うん。王子様」

由布「王子様が出てくる？」

孝子「結婚できたの」
スタッフの声「結婚できるから？」
孝子「うん」
由布「王子様と最後、結婚するもんね。幸せになるもんね」
孝子の周りをハエが飛ぶ。
孝子、息を吹きかけて追い払おうとする。
由布、手で追い払う。
孝子「ハエが、いやん」
由布「姉ちゃんも結婚したい？」
孝子「いやん、フフフ」
由布「違ーうやろう。フフフ」
孝子「だけど、ハゲだったよ」
由布「うん。ちょっとハゲとったね、王子様がね」
監督の声「王子様が来たらどうしますか」
孝子「いやん！ドキドキやん」
由布「王子様だけが来たらどうしようか。何て言う、姉ちゃん？」
孝子「いやーん！ドキドキやん！フフフ」
由布「ドキドキだけ？何か言うのは出てこない？」
孝子「うん」
由布「あらっこいしょ。フフフ。姉ちゃん、王子様のほうがドキドキすっとじゃない？」
孝子「いやん」
由布「あらっこいしょ。フフフ」

101　同

孝子、温泉入浴に行くため準備開始。
由布「姉ちゃん、これからどうせ温泉やけん、温泉でさっぱりしよう」
由布と一名のスタッフ、孝子の移動介護。
由布「どっこいしょ」
孝子「……人魚が」
孝子、移動用リフトで吊られる。
孝子「きゃあ」
孝子、車椅子に移乗。
諫山、部屋の片隅で座り、見守っている。
スタッフ「じゃ、行きますか」

由布「じゃ、おじさん、行ってきます」
諫山「はい、じゃあね。お世話になります」

102 同

諫山、インタビューに答える。


監督の声「諫山さんは国にけんかを売って六十年になりますかね、ざっと言うと」

諫山「そうです。もう六十年ですか」

監督の声「川上敏行さんいらっしゃるでしょう。私たち、敏行さんに話を聞きに行ったときに、川上さんがしみじみおっしゃってました。国とけんかするもんじゃなかって、もう……」

諫山「しかしですよ、けんかするもんじゃなかちってもですよ、けんかせんでもってとして考えてみてくださいよ。そら、水俣病の患者はもう哀れなもんですよ、けんかせずに、現在、ここまで来たとするなら。あれだけけんかしてやってきて、これぐらいですから、けんかせずにおってみたら、そらもう、もう、口じゃ言わならんぐらいの哀れさですよ。

そら、私たちもやっぱりそれは思うですよ。今まで六十年ですたい。何のためにいろいろなことば、頭下げて、向こうが悪かてこっちから頭下げてお願いに行ったんですよね。お願いいろいろしたんですよ。それで、これくらいの程度ですよ。とにかく闘わにゃ、闘ってもこれくらいちゅう。要するに、川上さんが言われた、ああいう目に遭うて闘っても、これくらいのもんじゃもんなちゅう、そっちのほうじゃなかかんでしょうか。

水俣病に被害した人たちも、ほとんど諦めの状態じゃなかかんですかね、そういう面では。

ほんで、日本政府の姿を、はっきり私ら見たような感じがしますよね。幾ら政治家が口先でどうのこうの言ってもですよ、私たちはこの目ではっきり、行政のあれを、日本の政府のあれを、はっきり、この目で見せてもらったような感じがします。頼りになる政府じゃありません」

○川上さん　三度目の裁判

〈タイトル〉
川上さんが三度目の提訴をした

103　東大阪市・川上宅・玄関
　　監督が玄関から声をかける。
監督「川上さん。おはようございます。川上さん、おはようございます」
　　川上、部屋の奥から姿を見せる。
監督「あ、いらっしゃった。お元気ですか!?」
川上「……あ、あら！」

104　同・居間
　　川上、インタビューに答える。
監督「裁判を起こすって聞いたんです」
川上「はい」
監督「びっくりして」
川上「ハハハハ」

〈タイトル〉
公害健康被害補償法（公健法）に基づく補償の支給を求め　県を訴えた

105　同・居間
　　川上、インタビューに答える。
川上「先が短いのに、何してこんなあれをという気持ちもあったんですけど、よし、勝っても負けてもこれが最後やということで、もう長ごう生きらんやろうし、あんた、もう九十歳になってから裁判を起こすということですから、ハハ……」
監督の声「川上さんが長生きするか、裁判が終わるか、どっちが先かって競争じゃないですか」
川上「はい。頑張ります。せっかくやったんやから、もう頑張ります」
監督の声「やっぱり、権力に負けっ放しじゃ悔しいとか」
川上「そらもう確かにそうですねん。死ぬ前にもう一遍やって、白黒つけようということで私も踏み切ったんですから、もう乗りかかった船ですから」
監督の声「最後まで?」
川上「はい。最後までやります」
カズエの遺影。
監督の声「奥さんが亡くなられてもう一年ですかね」
川上「そうです、フフフ……あぁ」
監督の声「やっぱり寂しいでしょうが」
川上「寂しいも何も、フフフ」
監督の声「寂しいも何も?」
川上「はい。もうそんな寂しいとか何とかはないです。そういう年じゃないですもん、九十やから」
監督の声「年は関係ないじゃないですか、やっぱり」
川上「たまには家内の夢見るときあります。いなかのほうで駆け落ちして、私が船から連れていったりなんかするのは、よう見るわけですねん」
壁に貼られたままの一枚の写真。川上とカズエ、二人並んでVサインをつくり、笑顔。
川上の声「家内が頑張ってくれたもんやから、どうにかこうにかここまで私も生きてきたわけです」
川上、インタビューに答える。
川上「『あら、川上さん、ちょっともう奥さん危ないで』っていう連絡をもらいましたから、私も泊まり込んどったんですよ。そしたら、私の顔を見て、すっと顔を見たら、目をつむって、苦しまずに、本当にすやっとやって亡くなったんですねん。おかげさまで楽な息の引き取りでした」

〈タイトル〉
三度目の裁判は高裁で勝訴するが
2017年9月最高裁で逆転敗訴
「極めて政治的な不当判決」だった

〈タイトル〉
休憩

〈タイトル〉

第三部　悶え神

○溝口裁判福岡高裁

――福岡高等裁判所・前

スーパー　福岡高等裁判所

スーパー　溝口裁判　判決日

裁判を終えた溝口たちが裁判所から出てくる。

スーパー　原告　溝口秋生

スーパー　書道教室教え子　永野三智

三智「ジャーン！」

溝口「ジャーン！」

三智、溝口の力強い筆による「勝訴」の書を見せる。

溝口、母・チエの遺影を見せる。

溝口の顔が母の遺影に隠れる。

声「顔出して、顔」

三智「（溝口に）顔ば出して、顔ば」

溝口「ハハハ」

三智「知弘さん来ない？」

溝口「うん」

母の遺影を胸に抱いた溝口。

溝口「人生最高の日ですね。ハハハ」

取材者の声「お母さんのチエさんにはどのようにご報告されますか？」

三智「（溝口の耳元で）チエさんには何て言って報告しますか？」

溝口「おふくろ、あんたの言ったとおりだって。おふくろは息子のためにもやれと言ったんですけど、そのとおりになりました」

三智「すごいね」

あちらこちらから取材者が質問する。

三智「（取材者の質問を溝口へ伝える）『勝訴』の垂れ幕のほかに、『敗訴』というものもつくりましたか」

溝口「ハハハ、それも言わにゃいかんですかね？」

三智「いいんじゃない？」

溝口「いい？薄い墨で『不当判決』、下手くそな字を書いたんです」
三智「でも、見せるとややこしいですよね」
支援者「ややこしいよね」
溝口たちを見つめている溝口の息子・知宏。

2　熊本県庁へ向かうバスの中
溝口、支援者たち、座席に座っている。
溝口、マイクを持って話す。
溝口「皆さん、勝ちました！バンザーイ」
支援者たち、拍手。
溝口「こんなすばらしい日はないですね。私はいつも言ってた。きょうはカレンダーを見たら、一粒万倍の日だ。万倍になりましたね」
山口弁護士、マイクを持って前に立つ。
スーパー　弁護士 山口紀洋
山口弁護士「相手方は大変な大失策ですよね。ですから、さっきも書記官の部屋の前で打合せを随分やってましたよ、彼らは。やってましたけれども、評価は圧倒的で彼らも私と同じように、これによって特措法がひっくり返るんじゃないかという危機感を持つもんですからね。だから絶対上告して、絶対に勝つんだということを今からもう彼らはやっているわけで」

3　熊本県庁・会議室
溝口たちが長テーブルに着席。
スーパー　判決当日 県庁交渉
村田副知事たちが溝口たちと対峙して着席。
スーパー　熊本県副知事 村田信一
村田副知事「判決の内容を十分精査する必要がございます。高等裁判所の判決として重く受け止めなければならないということは、そう思っておりますが、今、上告はするなというご下命でございました。現時点で、その決断をここで申し上げるには、まだ私のほうとしてお話しする状況にございません」
溝口「上告はしないと、言ってもらえませんかね」
村田副知事「……」

声「知事が何で出なかったんですかね？　きょう、あらかじめわかっといて。これより大事な会議ですか、知事は？」

〈タイトル〉

蒲島知事は選挙へ向けての政治資金パーティー出席のため不在だった

声「それ、いつから決まってたんですか」

村田副知事「いつからですかね。それは政務のことですので私自身も承知しておりません」

声「それはおかしいよ。きょうの判決は決まってたんですから」

声「待ちますから。何時だったら帰ってきますか」

村田副知事「きょうは出てて、こちらには帰ってまいりません」

声「おかしいよ」

宮澤の声「逃げたんです。少なくともね、きょうは判決で勝訴しました。そのことに関連して溝口さんに一言、県としてあるべきです」

スーパー　支援者 宮澤信雄

宮澤「副知事でも結構ですよ。一言どうぞ」

村田副知事「きょうの判決については……」

宮澤「立ち上がって」

村田副知事「先ほどお話ししましたように、高等裁判所の判決として重く受け止めさせていただきます。現時点では、私のほうから、今どうこうという判断は申し上げられない状況でございます」

声「謝れよ、とにかく」

声「だったら知事を連れてきなさい」

スーパー　支援者 高倉史朗

高倉「環境省の意見を聞くなんていうのは、余りにも自分たちの責任を放棄したやり方じゃないですか。なぜ、熊本県独自で考えようとしないんですか。じゃ、溝口さんがこの十年間、それこそお母さんが亡くなられたときから考えれば、何十年間もやってきて、ここまでたどり着いた。一人の人がやっとここまで来たんですよ。そのことを皆さん受けて、県の水俣病を担当するトップの人たちとして、どのようにその人に対応したらいいのか。その人に何を言ったらいいのか、自分でできる範囲のことをすべきじゃないですか。上で決めなければ何もできませんよって言うんだったら、今まで水俣病に対して行政がやってきたことと全く同じじゃないですか。一人一人の判断が何もできない。それならば、チッソが水俣病の原因となった有機水銀を垂れ流したのも正しいですよ。そうでしょう。一人一人の現場の人間がそんなことを判断できますか。だけど、これを流して人が死ぬなら止めるんだという、その決意が必要だったんですよ。一人の人が闘い続けて、やっと勝ち取った勝利について、何も言ってあげられないんですか。一言のわびも、熊本県としてのわびを言ってあげられないんですか。

じゃ、聞きますけども、何十年も放ったらかしたことは褒められたことですか。一人一人言ってくださいよ。そんなに褒められたことなのか、あれが」

スーパー　環境生活部部長　谷﨑淳一

谷﨑部長「環境生活部長の谷﨑でございます。溝口さんのお母さんのような形でお亡くなりになられた方々の対応をどうするかということで、その当時としては環境省のほうと協議を重ねておったというところでございます。それで、職員としては検討しているというところで答えたということでございます」

山口弁護士「先ほどから、生存者を優先するっていうことはずっと言い続けているんですが、そして未検診死亡者も決して放置はしていなかったと言うけど、病院に資料を保存しろという電話を一本かけましたか、あなた方は。通知書一枚出しゃいいじゃないですか。だから、あなた方が生存者を優先するなんてのは全くの嘘ですよ。毎回そういうことを言ってるじゃないですか、あなた方は。なぜ一枚の紙、一本の電話をかけないでいて、そんな嘘が言えるんですか。だからきょう謝れというのは、それなんですよ。あなた方のやってきたことは全部欺瞞に満ちてますよ。きょう聞けば、また同じような欺瞞を語ってるんですよ」
高倉「十年間、一人で訴訟を続けるってどういうことだかわかりますか。皆さん、応援してくださる人もいるけれども、やっぱり家に帰れば一人ですよ。それを全部抱えてやるんですよ、家族のことも含めて。その苦しさをわからないんなら、水俣病の教訓なんて言葉、一切言うな、これから」
宮澤「ここでもって、熊本県は国に対して言いなさい、声を大にして。もうこれでやめようよ。特措法はインチキ法だ。あれも暴かれた」
生駒「もうこれだけやったんだから、すまなかったっちゅう一言を言ったらどうかね（机をたたく）、ちゅうんだよ」
宮澤「せめて、ねぎらいの言葉はどうだね、ねぎらいは。長い間お疲れさまでした。謝んなくてもいいよ、謝りたくないなら。せめて、ねぎらいの言葉をかけてあげなさい。全員起立！」
生駒の声「立て！」

村田副知事、谷崎部長ら立ち上がる。

村田副知事「裁判の長期化の中でですね、あの……」

三智の声「すみません、きょろきょろせず、本当にここに来て言ってください」

村田副知事、谷崎部長ら、その場で立ったまま話を続ける。

村田副知事「今、皆様方からのお言葉の中でありましたように、相当心も体も疲労されてこられたことについては、私ども大変心を痛めております。申しわけなく思っております。ただ、今回の判決についての今後の対応については、十分精査させていただきたいと。

知事とも私、話をしましたけれども、基本的にきょうの時点での対応については、今まで申し上げたとおりでございます」

佐藤「大体、きょうは自分の選挙のことであって、知事は県の長であって、県民のためのことをしないで自分の仕事をするとかおかしいでしょうが。こんなばかばかしい知事ってあるか」

宮澤の声「誰が見たって、逃げてるって思いますよ、
　これは」
佐藤の声「夜ならだけど、昼間に自分の選挙のこと
　で出かけること自体がおかしいよ」
高倉の声「どうですか、一休みして、知事に連絡取
　りませんか。待ちますから」
宮澤「待ちましょう」
　　拍手が起きる。
村田副知事「知事は、その行事に今入っております
　ので、こちらに来ることは……」
三智「いやいやいや、こっちが優先でしょう」
宮澤「いいから、電話して」
　　村田副知事たち、退室。

4　同

　　戻ってきた村田副知事たち、話す。
村田副知事「今、ちょうど六時半からその会が始まっ
　ておりますけど、その直前に知事と話をさせてい
　ただきまして、今、皆さんからご意見がありまし
　たことを、本当、概略ですけども一応知事に伝え
　たところであります。知事から、電話で話しまし
　た趣旨を少し申し上げたいと思いますので。
　溝口チエさん、そして溝口秋生さんをはじめ、
　ご家族の方々に、長い間ご心労をおかけしており
　ますことにつきまして、本当に心を痛めておりま
　す。大変申しわけございません、というのが大方
　の知事の趣旨でございました。
　知事がきょうここに来ることにつきましては、
　ちょうど今、会が始まったばっかりでございまし
　て、無理だろうと思います」
高倉の声「どうですか。知事さんがきょうどうして
　も来ないって言うんなら、もう一回、場を設定し
　ましょうよ」
谷　「ウチダさんも、村田さんも、谷﨑さんも、そ
　れぞれ長い間、水俣病の患者の人たちと向き合っ
　て、水俣病問題については一番、割とわかってらっ
　しゃるというふうに私たちは思っています。だか
　らやっぱり、そこの責任においてきちんと受け止

めると。この判決は確かに、正直、県の立場でいえば大変だと思いますよ。だけど、それを受け止めざるを得ない、現実ですから。それを想定外だとかいうことは言わないというか。本当に、現実としてきちっと受け止めて、この問題について向き合いますということが出発点でしょうから、そうすれば、知事が今どう考えているか、最終判断は知事でしょうけど、自分の責任においてこの問題をどう考えるべきかということをきちっと結論を出すという、それが溝口さんに対する誠意でしょう。それでもなお上告するというなら、きちっと説明されて上告するなら上告したらいいんですよ。だけど、その説明も抜きに、勝手に上告するなんて許せないですよ。もう時間がないですから、溝口さんにとっても。そういう重たさを持って、この問題に対してきちっと向き合ってください」

何も答えない村田副知事。

〈タイトル〉

結局　県は最高裁に上告した

○坂本しのぶ　恋のジャーニー

5　水俣市文化会館・外観

スーパー　水俣市文化会館

6　同・ステージ

「もやい音楽祭」の横断幕が掲げられたステージには、演奏者たちがいる。

司会「受賞曲発表の最後は、優秀作品賞を受賞されました『これが、わたしの人生』です。作詞・坂本しのぶさん、作曲・柏木敏治様でお願いいたします」

ステージで、椅子に座っているしのぶ。

隣にはギター演奏しながら歌う柏木。

♪2年前からかな　去年からかな

水俣病は50年だった
私にとって おそかったと
自分自身で歩んでいくことが
いつも誰かの 言うがまま
一人で歩いて いこうとせんじゃったと
人のせいに するわけじゃないけど
でもやっぱりあまえた 自分もわるい

みんな長く生きて
私を一人ぼっちにせんで
一緒に手をつないで生きたい
あなたと一緒に♪

スーパー　胎児性水俣病患者 坂本しのぶ

監督の声「じっとステージの上にいて、歌を聞いて て、自分が作った歌でしょう、何を思ってたの？ じっと何か考えているふうに見えたの」

7　水俣市・もやい館・中

しのぶ、インタビューに答える。

しのぶ「やっぱり、側に大好きな人がおったの」
監督「側に？」
しのぶ「一番前に」
監督「一番前に？」
しのぶ「うん。それで、ちょっと涙が出たの」
監督「涙が出たの？涙が出たかなって、少しそうい うふうに見えたんだ」
しのぶ「出たの。泣けたの」
監督「それは、その好きな人に対する思いがあふれ て泣いたの？」
しのぶ「うん。今までの好きな人のことば、思い出 したの」
監督「しのぶさんがその相手の人に気持ちっていう か、恋愛感情を持っているっていうのは相手の人 は知ってる？」
しのぶ「（うなずく）」
監督「知ってるっていうのは、しのぶさんはその人 に告白したんですか」

しのぶ「うん」
監督「直接?手紙?」
しのぶ「うん」
監督「どっち?」
しのぶ「自分で言いました」
監督「言ったの?ふーん。そしたら、相手の人は?」
しのぶ「何か、おりました、彼女が」
監督「彼女がいたの。じゃ、失恋しちゃったんだ、また。しのぶさん。ハハハ、そうか」

8　水俣市・遠見の家

しのぶ、水俣湾をバックにインタビューに答える。

監督の声「しのぶさんがとっても恋愛をしたい。恋をしたい。いいなと思うの。まさに坂本しのぶという人が生きてきて、人をいっぱい好きになって。うまくいかなかったかもしんないけど、そして自分の人生ってこんなんだったよねって、楽しく語れるというの、どうでしょう?」

しのぶ「はい」
監督の声「はい?いい?」
しのぶ「うん」
監督の声「じゃ、そういうことで、一緒に昔の恋の旅を、たどる旅をしましょう。いいでしょうか」
しのぶ「うん」
監督の声「よろしくお願いします!よし!恋のジャーニー、センチメンタル・ジャーニー!」

9　水俣市・おれんじ館・中

しのぶ、歩行器を押して歩いてきて、着席。
徳富、車椅子でやってくる。

スーパー　おれんじ館 館長 徳富一敏

しのぶ、徳富、並んで座る。

徳富「人に言えない話はいっぱいあるかもしれませんね」
監督の声「その、人に言えない話を一つ二つ」
徳富「それは難しかね」
監督の声「一番彼との思い出に残ってる大切な場面、

ぜひ、その一つ、その一」
徳富「私も聞きたいな、それ」
しのぶ「ええと……何かいつもデートは海」
徳富「海」
監督の声「海？ 海でいつもデートしてたんだ。どこの海？」
しのぶ「フフフ……出月」
徳富「出月というのは、坪谷という」
監督の声「坪谷のほう？ 今、広い駐車場になってるとこ？」
徳富「そうそう、橋の下だよね、今で言えばね」
監督の声「海でデートしてたと。一緒にいるときは、どんな話題が多いんですか」
徳富「（しのぶに）俺から言っとくほうがいいか？」
しのぶ「……」
徳富「ほかの男の話、ハハハ」
しのぶ「うーん……」
監督の声「え？」
徳富「（しのぶに）違いますかね？」
しのぶ「うん」
徳富「でしょう。一番多かとは」
監督の声「え？ ほかの男の話をしのぶさんがするの？」
徳富「もちろん、ハハハ」
しのぶ「私が、もっと、もっと、すばらしい女性にならんば駄目っち言われたの」
徳富「いや、ちょっと待ってよ。俺がそれに似たようなことで言うたとは、しのぶさんが好きだっていうことをアピールするのはいいって。いいけども、例えば……（しのぶさんに）これカットするかどうかは後で説明してね」
しのぶの謎めいた笑み。
徳富「最初のころ、私が電話に出られんと、三十回とか四十回とか電話かけて留守電に入れとったでしょう。ね」
しのぶ「うん」
徳富「しかも、そのときは俺が会議中だとか何かちゅうときもいっぱいあるでしょう。忘年会だけん出られんだったり、わからんかったりね。だから、好きなのはいいんだけど、相手がどういう状態とか、今どういうとこかなちゅう相手のことも思いやって考えんと、みんなから好かれんよちゅうようなことは言うたかもしれんね」
しのぶ「……うん」
監督の声「そうなの?」
徳富「ともすれば、夜中にも電話かけてきたりとか、ね。で、怒ったらワン切りもするし」
監督の声「どっちが?しのぶさんが?」
徳富「例えば……(しのぶさんに)カットするなら言うてね。どこまで言うてよかかわからんで俺言うけんね」
しのぶ「うー」
徳富「電話出られんでしょう。その間、出らんから何回もかけてくるでしょう。そのときにいろんな妄想が膨らむのよね」
監督の声「妄想って、ほかの女と一緒じゃないかって、そういう妄想だ」
徳富「そういうのも含めてね。そうすると怒り出すわけですね。会議とかなんかが終わった後に逆に電話するでしょう。そしたら、今度は逆に出ないんだね。それでもやっぱり電話したいから電話するんですよ、その後に私。出るでしょう。ぶつって切んねん」
監督の声「そういう女心ってあるじゃないですか。会いたいのに出てくれないしっていう。ついついそういうふうにむくれてしまうという女心って、いいじゃんと思うけど」
徳富「いや、それは程度の問題よね。生活がどれだけ影響を受けるか、受けんかの問題やね。(しのぶさんに)否定するときは否定せえよ」
監督の声「そうなんだ。それで、大事なことを一つ教えてくださいね。要するに、館長に対して自分が好きであるっていう気持ちを持ってんだよということは、実際に口に出して伝えたことはあるんですか」
しのぶ「えーと、言うたと思う」
徳富「私が覚えとるのは、そのとき、しのぶさんが好きだったという人の相談を受けてて、それと、何かプレゼントを買いに行ったんじゃないかな、その人の。で、買いに行った後、家に送り届けるときに、ちょっと俺に話があると。そのときにその人にやるプレゼントとほかにプレゼントを持っとって、俺に渡したんじゃなかった？」

しのぶ「うん」

監督の声「館長に渡したプレゼントも一緒に買ったちゅうこと？」

徳富「そうそう」

　しのぶ、頭をかくしぐさ。

　誰かが徳富に声をかる。徳富、離席。

監督の声「もう一人、前に付き合った人にプレゼントを一緒に買いに行ったんでしょう」

しのぶ「うん」

監督の声「それはどこの誰か聞いていいですか」

しのぶ「えーと、永野さん」

監督の声「その人は今でも水俣市に住んでらっしゃる？」

しのぶ「はい。出月に」

監督の声「出月に？近くじゃん」

10　水俣市・エコネットみなまた内

　しのぶ、撮影スタッフとともに、エコネットみなまたにやってくる。

　永野、椅子に座ってしのぶを迎える。

永野「（二人の椅子の距離が）ちょっと近いね」

スーパー　エコネットみなまた　永野隆文

　しのぶ、永野の隣の椅子に着席。

永野「少し離れていいですか」

監督の声「近いほうが」

永野「近いほうがいいですか」

　しのぶ、照れ笑いを浮かべる。

監督の声「あの、私たちは坂本しのぶさんがね、恋多き女って聞いたんです」

永野「ええ？そうなんですか？」

監督の声「はい。じゃ、しのぶさんに聞きますね。最初の出会いは何年のことになりますかね」

しのぶ「フフフ」

永野「えー、一九八八年ぐらいじゃないでしょうかね」
監督の声「しのぶさん、何歳のとき？」
永野「三十二歳ぐらいのとき」
しのぶ「うん」
監督の声「まだしのぶさん、若かったころじゃん」
しのぶ「うん」
永野「表情とかは今も変わらないですよね、そのまんまで」
監督の声「で、しのぶさんが当時付き合ってた人の相談に乗ってもらったと」
しのぶ「はい」
監督の声「ちょっと不思議なんだけども、しのぶさんは好きになった人に、これから恋愛感情が育ってくれるといいなと思う人に、その前に、恋愛感情を持っている人と、その悩み事をいろいろ打ち明けるという癖があるんです」
しのぶ「はい。いやあ……」
永野「いろんな会合があったりすると、ちらっ、ちらっと見てたりとか、私のほうに視線を送っていたり、後ろに座ってれば、後ろから何か誰かじっと見てるなということを感じたりとかって。あっ、もしかしてという。手紙が来たのかな、多分ね。好きになってしまいました。でも、負担に思わないでくださいとか、お友達として付き合ってくださいという」
監督の声「最初からもう実らない恋っていうふうに自分でも思ってたわけ？」
しのぶ「うん」
永野「だんだん気持ちが強くなってくるなというのを感じたころに、妻と子どもがいるので、しのぶさんとは恋愛関係にはなれないからということを言ったね」
しのぶ「うん」
永野「いろんな相談には乗るし、いい関係で、大人として付き合っていこうねっていうことで」
しのぶ「うん、うん」
永野「私は水俣病のことをきちんと伝えていく坂本しのぶさんというのを高く評価してるんですね。

ええと、これ覚えてる?」

永野、新聞記事をしのぶに示す。

新聞(見出し) 苦しみ 迷い 半世紀「象徴」自らに重責課す

永野「水俣病公式確認五十年の年に、水俣病互助会がチッソに質問状を出して回答をもらったんですけど、回答の内容に納得できないということで、互助会の会長の諫山さんが突き返そうとして、その回答書を持っていったんですね。そしたら、しのぶさんがぱっと横からとって、正門前でびりびりと引き裂いたというあのことで」

新聞記事 チッソ工場前で抗議するしのぶの写真

(見出し)「胎児性坂本しのぶの闘い」

永野の声「ここでしのぶさんの名前を出して、常に患者が闘わないと、水俣病のいろんなことは進展してこなかったんですという。ここはチッソの正門前ではあるけれども、患者の闘いの場所でもあるという。だから、そういう闘ってる患者の象徴として、私は坂本しのぶさんをずっと見てきてます」

永野、インタビューに答える。

永野「いろいろ好きになる人も多いけれども、そこが本当の彼女の姿じゃないかなという。人を好きになるというのはとてもいいことだと思うんですよね。愛することができるというのは」

監督の声「二人で並んで、あの丘から夕陽を見てきれいだったなとか、そういうのはないの?」

しのぶ「ない」

永野「何かあったね。お正月に二人で車に乗って、埋立地に行って、車が動かなくなって、しのぶちゃんの近所の自動車会社の人に来てもらったことがあった。あれで二人がそのときにいたというのが、その人にはわかってしまったというのがあったな」

しのぶ「ああ、ああ」

永野「デュエットとかよくしたよね」

しのぶ「はい」

永野「何かつらい歌よね。明るい歌じゃなかった」

しのぶ「つらい歌」

永野「『氷雨』とか」

＝　熊本市内・知人宅

辻が部屋に入ってくる。

辻「こんにちは」

スーパー　新聞記者 辻 尚宏

辻、しのぶが座っている隣に並んで座る。

辻「失礼します」

監督の声「難しい話を聞くつもりはないんですけど」

しのぶ、体をよじらせて照れる。

辻「全然趣旨がよくわかってないんで」

監督の声「趣旨は今、説明します」

しのぶ、辻を見つめる。

辻「初めて会ったのは、ですか?……ああ」

監督の声「どこでしのぶさんを見かけたか」

しのぶ「おれんじ館ですよ」

辻「あ、そうか。しのぶさんが僕の名刺を受け取って、それをぐしゃっと丸めてというか、ぐしゃっと握り締めて、ポケットにずぼって突っ込まれて去っていかれたので、ちょっと驚きました」

監督の声「ちょっと、しのぶさん。何ですか、ぐしゃっと丸めたっていうのは」

しのぶ「(苦笑い)」

監督の声「一目ぼれって言っていいの?」

しのぶ「ああ」

監督の声「ああって」

辻「(しのぶに)今、話つくっていません、それ?」

しのぶ「いいえ」

辻「ハハハ」

監督の声「一目ぼれしたんだ」

しのぶ「うん」

監督の声「だから、だから、やばいと」

しのぶ「うん」

監督の声「だから名刺もわざとくしゃくしゃにしたっつうこと?」

しのぶ「いや、自分が怖かったの。恐ろしかったの」

監督の声「恐ろしかった?」

しのぶ「また、また悩むかもしれんなと」

辻　「僕が会場に行くと、なぜかしのぶさんの横の席がいつも空いてて、辻さんここね、みたいなことがありましたんで、何ていうんですかね、割と早い時点でといいますか」
監督の声「そのときに、何を悩んどるとよって声をかけるでしょう、周りは」
しのぶ「はい。やっぱり、おれんじ館の徳富さんとかに相談したという」
監督の声「相談するんだ。ちなみに、徳富さんは何て言ったんですか。アドバイス」
しのぶ「また始まった」
監督の声「また始まったって」
しのぶ「うん」
監督の声「いついつ水俣から離れますよっていうことを、いつ聞いたか、覚えてる？」
しのぶ「顔と頭が真っ白になった」
辻　「直接言わなかったら、私は何と言われるかわからないので、まずは直接」
しのぶ「手紙ば書いた」
監督の声「覚えてますか？」
辻　「覚えてます。はい。絶対また水俣に来てくださいっていう」
監督の声「切ないね、何か。もらい泣きしちゃうよ。歌は歌わなかったの、一緒に？」
しのぶ「歌った」
監督の声「何を歌ったの？」
しのぶ「『22才の別れ』」
監督の声「え？」
辻　「『22才の別れ』」
フォークデュオ「風」のヒット曲『22才の別れ』が流れる。

スーパー　風　22才の別れ

♪（歌詞）

あなたに「さようなら」って言えるのは
きょうだけ
明日になってまたあなたの
暖かい手に触れたら
きっと言えなくなってしまう

そんな気がして♪

監督の声「しのぶさん、切ないね。最後の握手、どんな思いでしてたんだろう?」
しのぶ「絶対にまた来てね」
監督の声「というのが最後の言葉?」
しのぶ「はい」
監督の声「覚えてますか?」
しのぶ「はい」
辻　「でも、その後もう一回……」
監督の声「あ、もう一回あるんだ」
しのぶ「いや」
辻　「あれ?」
しのぶ「泣いた」
監督の声「泣いたの、辻さんの前で?」
しのぶ「(うなずく)」
監督の声「ああそう。どんなふうに泣いてたんですか。わんわん泣いてた?」
辻　「そうですね。号泣といいますか」
監督の声「ああそう。ああ号泣……。しのぶさんって、日ごろ自分の感情を抑えることが多いじゃないですか。そのしのぶさんが号泣したの、そのときは?」
しのぶ「うん。やっとしゃべったときに。抑えとったの」
辻　「別に、永遠に会えなくなるわけじゃないのでっていうようなことを確か。あんまり言葉が見つかりませんでした」
監督の声「…本当…どうやって回復するの?」
しのぶ「えっと、問題の……」
長岡の声「今問題の人が何?また好きになったの?」
しのぶ「(うなずく)」
監督の声「日吉ミミの歌にさ、『男と女のお話』っていうのがあって、破れた恋をさ、気持ちを回復するには、すてきな新しい恋をすることさって歌があるもんね。しのぶさん、その典型やもんね。また新しい恋を今、してるんだ」
辻　「(しのぶに)僕の名前を出さないように」
監督の声「死ぬまでしのぶさん、恐らく人を好きになり続けて治らないよ、これは。寅さんみたいなもんやん。最後の最後まで人を好きになって、振られて死んでいくんだよ、しのぶさん。覚悟してる？」

しのぶ「（笑顔でうなずく）」

12　水俣市文化会館・ステージ

ステージにしのぶ、隣に演奏・歌唱する柏木。

♪私も鳥になって
いろんなところばみてみたいな
ひとりでアパートに住んで
子供に戻ってみんなとはしったり
恋の話もしてみたい

いつも自分から人を好きになりました
でも50歳になって初めて告白されました
私はバカやっで
本気ちおもうてうかれて悩んで
本気も冗談もわからん女でした
いっぱい好きになって
いっぱい好きになって
それでも全然 実りませんでした

みんな長く生きて
私を一人ぼっちにせんで
一緒に手をつないで生きたい
あなたと一緒に♪

ステージでしのぶ、涙を拭う。

×　×　×

客席でフジエ、涙を拭う。

スーパー　母 坂本フジエ

♪水俣病にならんば 私の人生は
でもこれが私の人生

これからは自分自身で
この道を歩いていきます
この道を歩いていきます♪

ステージでしのぶ、涙を拭う。

× × ×

客席でフジエ、拍手。

司会者の声「ありがとうございました。もう一度、大きな拍手をお送りくださいませ」

13 水俣市・おれんじ館・中（夕）

柏木、インタビューに答える。

スーパー シンガー・ソングライター
柏木敏治

柏木「何か恋多き人ちゅうのが一番最初にちょっと印象に残ったですけどね。何か熱い視線をちょっと感じてしまって、その時期は短かったですね」

監督の声「短かった？」

柏木「うん。私は短かったです。こんなこと言うと怒られるかな」

監督の声「いいえ。とてもいい話だというふうに」

柏木「怖いから、何か、ハハハ」

監督の声「この詞を応募して、審査があって結果が出て、それを受け取って、初めて見たわけではないんでしょうか」

柏木「俺も審査員だったんですよ。そのときに見たんですよね。そしたらやっぱ、すごい内容が深かったですよね。おお、これはすごいぞって一瞬思いましたですね」

監督の声「思われた。はあはあ」

柏木「うん。でも、これは歌になるかなっちゅう、最初はちょっと心配あったですね。結構、激しいちゅうか、激しい言葉がばんばん出てて、本当、思ってることをずばずば言ってるような感じで、支援者に対してちょっと、誤解をしそうな感じの詞もあったもんだから、そこら辺をちょっと変えんといかんなちゃ思うたですよ。これはそのまま歌えんかなちゅう感じはありましたですね」
監督の声「今、おっしゃったように、非常にストレートというか、思いが生な形で、歌詞としてぶつけられてますよね。特に、介助者の言うまま、一人で歩いていこうとせんじゃったというところと、支援者の人に言いたい。あなたたちがこんなにさせたことっていうのは、結構言い方としては強いっていうか、非常にエモーショナルなことを感じますわね」
柏木「直接、ここ変えていいかっちゅうことは言わんやったけど、一応、もう歌にしたんですよ、すぐ。削って、縮めて、並べ替えて。そして、これでいいかっちゅう感じでデモテープを聞かせたんですよね。聞いているところを徳富君から、ずっと涙を流してたということで、よくつくってくれたなっちゅう感じやったですね」
監督の声「自分の言いたいことが、少し違ってきたっていうような、そういうリアクションはなかったわけですか」
柏木「そういうのは直接聞かなかったけん、わからんやったですね。どうだったんだろう……」

14　水俣ほたるの家・一室
　しのぶ、フジエ、並んでインタビューに答える。
スーパー　母　坂本フジエ
監督の声「しのぶさんの歌詞が賞をもらいましたね、もやい音楽祭で。どういうふうな思いで、しのぶさんの歌詞を聞いてらっしゃったのかなと思って」
インサート　もやい音楽祭で、しのぶ作詞の歌を客席で聴くフジエ。
♪私も鳥になって
　いろんなところば見てみたいな
　ひとりでアパートに住んで♪
フジエ「やっぱりあんなふうに考えとるかなち、私も初めてそのときわかったもんな。話したことはなかやなん、二人ではな」
監督の声「しのぶさんの詞の中に、自立したいっていう表現があったんです。自立したいって。自立っていう言葉がとても重いんだろうなと思ったんです。つまり、しのぶさんは実際に、ここの「ほたるの家」の人たちの支援の人の存在があって、しのぶさんが今いるんだって、それはしのぶさん自身もとてもよくわかってると。だけども、自分の力だけで生きてみたいという気持ちもあると。そういう詞の内容だったじゃないですか。自立ということに関しては、お母さんはどんなふうにこう……」

フジエ「それはもう私は親として、絶対できることじゃないっち思ってるもんだから。自分の考えはそうかもしれんけど」

監督の声「しのぶさん、お母さんは、やっぱりそれは無理やろうっていうふうにおっしゃいましたけど」

しのぶ「いや、一人ではできないかもしれんけど、助けがあればできるかもしれない」

監督の声「東京あたりだと、俺は自立したいんだ、ひとり暮らしをすると。それで周りの支援の人をローテーションで面倒見てくれっていうふうに、今時の時代だから、インターネットで交替交替で来てもらってというようなことをやってる人とか、いろいろみんな、試行錯誤してる人がいることは確かなんですよ」

フジエ「なかなか難しかだろうちゅう思うな、私は」

監督の声「難しかですか」

フジエ「うん。それかと言うて、一人、病院に、どっかに入れてっちゅうことは親も し切らん。とにかく困っとるとたい。我が家で自分たちが見る、目の届くところで、自分が世話し切らんにしても、我が家で何とかならんのかなちゅうことは親は思ってるやろ」

側で座っていた谷が答える。

谷「だから、もう24時間のヘルパーの体制ができるような仕組みづくりをするしかないじゃないですか」

スーパー　水俣ほたるの家　谷 洋一

谷「しのぶさんに全てがかかるんじゃなくて、水俣の地域社会全体、あるいは加害者のチッソや国・

県そして水俣の福祉の人たちが、水俣病の人たちの問題をきちんとどう受け止められるかという問題なんですよ。その人たちにとってどういう被害があって、それをやっぱり補償すべきかということを役所でもチッソでも認めれば、問題解決は早かったと思いますよ。要するに、加害者と被害者の話し合いってないんですから。直接的な交渉だけであって、本当にそのことをきちっと前向きに取り組もうという姿勢はなかったということが決定的ですね」

フジエ「前も今も変わらんもんな。加害者であるちゅうことの考え方が全然なかもんね。水俣で交渉すっとき、あんたどもが被害者ちゅう思うとっとじゃなかっかな。加害者の気持ちは全然なかなちゅう、私はほんなこと言った。自分たちが被害者ぐらい思うとっとじゃなかんね、あんたどもはち。お金で代えられることじゃなかんじゃって。そうばってん、全然、そげん考えがなかもんね、加害者は。被害者の考えぐらい思っとる、自分たちが。それが五十年たっても変わらんもんな」

谷の声「ねぇ」

フジエ「変わらんもん」

○生駒さんの葛藤

15　水俣市・梅戸

　生駒、係留させた船に塗料を塗っている。

生駒「両手で塗らなくちゃ塗れないよ。あっちこっち手が走ってね。これも運動の一つでですよ。こんなの簡単ってみんな思うけど、僕にとっては難しいんですから」

　生駒、震える手で刷毛を持ち作業を続ける。

生駒「ある程度、塗ったら」

×　×　×

　幸枝も手伝っている。

幸枝「下は塗っとらんがね、あんた」

生駒「塗らまんとて、俺、塗らんば」
幸枝「はい、はい」
生駒「塗れんがね」
幸枝「はい、はい」
　近くでサイレンが鳴る。
生駒「やかましいよ」

×　×　×

　生駒、船体に立てかけたはしごで船から降りようとする。
生駒「降りんのに、大変だ」
　はしごに右足をなかなかかけられない。
生駒「ああ！（右）足が上がらないな、この足」
　生駒、四苦八苦。
生駒「よっと……たったのこれだけが、（右）足が上がんないのよ」
　生駒、はしごの踏みざんにひっかかる右足のスリッパを手で脱がして、なんとか降りてくる。
生駒「うわー、大変だ」
　生駒、右足ははだしで不安定。
生駒「これでも（ふらふらして）あら、自分でやろうとするんだからね。何しろ、自分で動かなくちゃ駄目」
　生駒、船体を白い塗料で塗り始める。
生駒「美人になったぞ」
監督の声「うん」
　生駒、船底を塗料で塗る。
生駒「ここが大事。ここが難しい。いつもへぐろつけちゃうんだな。あんた簡単って思うてたやろうけども、そう簡単じゃないよ」
　生駒、舵板に塗料を塗る。
生駒「ここに亜鉛をつけるんですよ。静電気がこのスクリューから出て、スクリューがやられんの」
監督の声「ふーん」
生駒「はい、終了いたしました」
　生駒、座ってペットボトルの水を飲む。
生駒「おお、焼酎もうまいなあ。ふだん酔っ払ってるからね。これがないと酔っ払わんのやけどね。

水で酔うから」

16　水俣市・生駒宅・前の道

浴野、歩いていく。

生駒、家の前を掃除している。

浴野「こんにちは」
生駒「ああ、こんにちは」
浴野「はじめまして」

17　同・居間

生駒「はじめまして」
浴野「生駒さんを初めて見て。持ってくりゃよかった。水俣病の赤本ちゅうて、一番古い本に生駒さんの若いときの写真が出とんですよ」
生駒「ああ、そうですか」
浴野「知りませんでしたか」

生駒、浴野、座っている。

浴野「水俣病のことを世界の人に知らせるために、英語で書きたい」
生駒「ああ英語で。いいですね」
浴野「僕が診察をして、特別な診察なんですよ。特に、生駒さんは昔のデータ、記録があるんで、それとあわせて、今、五十年後にはこうなってますよというのを、あわせて英語で書けたらすごくいいなと」
生駒「今、私は水俣病のことを全部しょってるらしいんですね。だから、ほかのお医者さんがみんなそうして私のところに診察させてくれってくるんですよ。私もそれでまいっちゃってるんですよ」
浴野「それは大変ですね」
生駒「はい」
浴野「ほかの医者と違うのは、僕は英語にして海外の人、アメリカの人、ヨーロッパの人、アジアの人が読める形で歴史に残すということが僕のできることなんですよ。水俣病のことが実はあんまり知られてないの、海外の人に。学問的にはストップしてんの。だから、生駒さんみたいな方は一番初期だけとって、あとずっときちっとこうこうで、それこそ今いろんな機械があるから、生きたまま解剖できるのよね、生きたまま。ハハハ」
生駒「フフフ……」
　生駒、苦笑い。
生駒「危ない、ちょっと具合が悪いな、ちょっと治らないなちゅうときの相談ちゅうのは、今ないんですね、水俣では。知ってる人がいないんですよ」
浴野「そうでしょうね。それが問題なんです。水俣に水俣病専門の病院をつくってほしいっつってから、水俣病のことが相談できたり、今はどういう治療があるのか、いろんな説明をすればいいでしょう。僕は生駒さんには、それができると思う。今の水銀はもう脳の中にはないんですよ、誰も」
生駒「私も、もうないんです」
浴野「誰もないんですよ。その証拠もあるんですよね、ないという。そしてあとは、脳の神経細胞がやられてるから、それも特別な場所だけなんですよ。全部じゃないんですよ。ちゃんとした検査をしたら、生駒さんはここところがおかしいから、ここを気をつけましょうということが出てきますよね。生駒さんだけじゃなくて、ほかの水俣病の患者さんもね」
生駒「だんだん年取ってくると、いろんな故障が出てきますから、これおかしいなってあるんですよ、もう五十何年もやってますと。そしたら、誰も相談する人がいないんですわ」
浴野「そのとおり。今、生駒さんの気持ち、ようわかった。だから、大学病院に入院して、僕が診察できるような状況、そしてみんなに教えるような状況をつくったらいいんですね」
生駒「それでも、俺は熊本に」
浴野「ああ、わかった。それで熊本に来るって言われたんですね？」
生駒「そう」
浴野「わかりました。生駒さんの気持ちはよくわかったんで」
生駒「そういう方向で」
浴野「そういう方向でやります」
生駒「おたくがそういう気持ちでやるんやったら、

私も乗りますよ」
浴野、生駒に手を差し出して、二人握手。
浴野「わかりました。やりましょう」
〈タイトル〉
一ヶ月後
18 水俣市役所前のバス停
浴野が待っていると、生駒を乗せた車が来る。
19 水俣ほたるの家
生駒、目隠しされて、あおむけに横たわっている。
浴野、検査の準備。
浴野「(左手を) ここに置いとって、わかったら、(左手を挙げて)『はい』ってしてね」
生駒「はい」
浴野「はい、行きます、わかったら手を動かしてください」
浴野、フォンフライの毛先を生駒の下唇に下ろし始める。
生駒「(左手を挙げる)」
浴野「今、触ってない。ハハハ、緊張しとるか」
生駒「触ってなかった?」
浴野、目隠しして座っている生駒の左手人さし指に二点識別計を当てる。
浴野「これは、一?二?」
生駒「一本」
浴野「はい」
浴野「これは?」
生駒「二」
浴野、二点識別計を生駒の左手中指に当てる。
浴野「(一本を当てる) これは?」
生駒「二つ」
浴野「……。(二本当てて) これは?」
生駒「一本」
浴野、当てた部分を生駒に見せる。
浴野「これ、二本」

生駒「あれ。全然わからん。ばかみたいね」
浴野「大概ひどいよ。脳をやられたときは、一番ひどい人は測れないって出るんですよ。生駒さんは一番ひどいほうの測れないほうなんよ。一を二って言うたら、これはもう測れないんですよね。わからないのよね、多分」
浴野、生駒に、目を閉じて、自分の左手人さし指を鼻先につけて離す動作の繰り返しを指示。
浴野「これ、今度、目つぶってやってごらん」
生駒、指示されたようにできる。
浴野「すごい。よくできる。あれ? 何かアンバランスっていうか、できるとこがよくあるのよ。それはやっぱり、何か訓練のせいじゃないかと思う、僕は」
生駒「そう」

20　同

浴野、複数の物が重なるように描かれた線画を生駒に示す。
浴野「これね。ちょっとまず最初に、絵が重なっとるのよね」
生駒「椅子、机。…これはベッドかな」
浴野「ベッド。よくわかる。すごい」
浴野、別の複雑な線画を生駒に示す。
浴野「これは、何があるかわかりますか」
生駒「ギターとトランペットかな、これ。それと、ばたんばたんとする太鼓でしょう」
浴野「(別の線画を示して) これは?」
生駒「これはちょっと……これは下がワイシャツで、ズボンに…靴…帽子だ」
浴野「あ、すごい」
浴野「これは難しいよ」
浴野、さらに複雑な線画を示す。
生駒「これ、スプーンかな……これはペットボトルみたいなやつだな。時計、ねじ回し、ギター。歯ブラシ……難しいもんですね」
浴野「いや、だけどすごい。よくわかるほうだと思います」
生駒「ああ、そうですか。じゃ、まだ頭、遅れとらんかな？ハハハ」
浴野「遅れてない。ハハハ」

×　×　×

浴野、軸の形が異なる数本の鉛筆を生駒に示す。
浴野「これ六角形」
生駒「そうですね」
浴野「これ、三角形」
生駒「これ、三角形」
浴野、かがみ込み、テーブルの下で、鉛筆を生駒に手渡す。
生駒に鉛筆は見えない。
浴野「はい、右手出して、右手。左手、これ（左右）同じもん？違うもん？」
生駒「（テーブルの下で触って）……これ、ゴムがないから……」
浴野「ゴムはいかん、ゴムはないけ、わからんね」
生駒「こっちは丸いやつだな、右は」
浴野「右が丸」
生駒「うん。こっち（左手側）は六角形だな」
浴野「（テーブル下から）出してください」
生駒「どうかな？」
生駒、テーブル下から両手を出し、左右の手それぞれに持っていた鉛筆を見る。
生駒「あれ、逆だ！」
浴野「これが丸と思うたんだね。これが立体覚損傷（立体覚障害）ね。これが特徴なん。生駒さんはすごい訓練しとるから、全ての情報を目で得ようとしてんのよ。これはゴムがあって、これは…。だけど、触ってみたらわからんでしょう？」
生駒「わからん」
浴野「これが、水俣病なん」
浴野、再度、鉛筆を使って立体覚の検査。
浴野「右。はい、左。これは、何と何ですか？」
生駒「今度はこっちが丸かな、左が。いや、逆かな、また間違っとる」
浴野「同じ可能性もあるのよ」

生駒「同じ可能性もあるね」
浴野「だから、違うって決めてかかったらいかんよ。そらもう一種の賭けになるから」
生駒「いや、これは角だ。六角だ」
浴野「六角と」
生駒「三角か？ そうしよう、わかんない」
浴野「はい」
生駒、テーブル下から鉛筆を持つ両手を出す。
生駒「やっぱ同じだ」
浴野「言わんでよか、ハハハ」
生駒「同じような気がしたんだけども、同じとは限らんよと言ったもんだから」
浴野「いや、違うとは限らんよって言ったんよ」
生駒「うーん」

〈タイトル〉
四ヶ月後

21　熊本大学医学部・浴野研究室

生駒、浴野研究室に入っていく。

〈タイトル〉
生駒さんが検査に難色を示し始めた

22　同・中

生駒と浴野が向かい合って話している。
生駒「僕は軽く思っていたのね。一日で、終わったら話をこうして終わると。それから私、訓練で少しまあ自分の体がちょっとよくなってんのよね。自分自身で毎日訓練してんですよ。ランクってありますね。私、その頂点に今おるんですよ。だから、落とされる可能性があるんですよ」
浴野「それもおかしな話だね」
生駒「それが心配なんですよ。だから、そこを怖がってんの、僕は。こっち（監督に）に写してもらいたくない」
浴野「原さんに、僕が生駒さんを検査するときは写してもらおうと思うとった、歴史に残るから」

生駒「それは、駄目」
浴野「水俣病っていうのは面白いとこがやられてね。
脳がすごくやられてるんだけど……」
生駒「それはわかるけど」
浴野「最後まで聞いて。脳がやられてるけど、一見
普通の人に見える。だから、もしこのデータが出
たら、生駒さん、それを見せるの、私こんなにひ
どくやられてるんですよと。それを示すとね、も
うAランクから落とされることはないと思う」
生駒「いや、俺は怖いよ。そういうのを恐れて、み
んなせんのやから。わかります？」
浴野「意味はわかる。意味はわかる」
生駒「でしょう。せっかくこうなって、ここまで行っ
たのに、Cに行ったってなれば、あんたを恨むよ」
浴野「あのね、だから、僕はそういうことは望むこ
とやないし、したくもないから」
生駒「だから、そこを確かめたら構わんけどね」
浴野「生駒さんの努力でここまでになってますよと
言うのが僕の仕事ですよ」

生駒「それを見せないために努力してんです、僕も」
浴野「いや、だから」
生駒「おしゃべりしても、そういう目で見られたく
ないから、努力してんですよ」
浴野「脳がやられてないっていうふうに？」
生駒「うん。新たな話題を入れたりしてですね。私、
今もう何年、大分、講座もやってんですけども、
水俣病だからといって、そういうふうにしゅんと
したあれじゃなくて、明るく見せているんです」
浴野「よくわかります」
生駒「内心は、本当は違うんですね」
浴野「あのね……」
生駒「相談相手がおるわけですね、私にも。その方
に言ったら、『何、それは映画に撮ったらおまえ、
えらいことなるぞ』っち」
浴野「誰も生駒さんをつらい目に遭わそうと思うと
るわけじゃないから。生駒さんも知ってるように、
誰も今、水俣病を研究したがらんのよ。僕が説得
するのにどれだけ苦労しとるかなんよ」

生駒「いや、私は怖いね、それが」

23　熊本大学病院・受付前

浴野、生駒、長椅子に並んで座っている。

スーパー　検査入院の手続きに生駒さんは
渋々応じた

受付で手続きをする生駒、浴野。

×　×　×

椅子に一人座っている生駒。

〈タイトル〉

しかし後日電話で
検査を断るとの連絡がきた

○溝口裁判　最高裁

24　最高裁判所・外観

スーパー　最高裁判所
溝口裁判 判決日

25　最高裁判所・前

溝口、支援者たち、取材者たちが大勢集まっている。

溝口、たくさんの人の中に鎌田を見つける。

鎌田「どうもお疲れさま」

溝口「やっと来れましたね、ここまでね」

スーパー　東京・水俣病を告発する会
鎌田 学

溝口、労うように鎌田の肩に手を添える。

鎌田「必ず勝つけん。大丈夫。ちゃんときっちりした答弁書つくりましたから」

溝口「おかげさんでですね」

鎌田「でも、きょうまでよう来たこと」

溝口「うん」

上京してきた二宮。

監督の声「いよいよ」

二宮「いよいよ。きょうのために十何年間、一生懸命調べて書いて、ハハハ。
自分のやった集大成みたいなもんやから、それが権力をひっくり返すかどうかっちゅう」

26 同

溝口、三智、知宏、弁護士たちが最高裁へ入っていく。

三智「先生、行ってください」
記者の声「溝口秋生さんが最高裁に入ります」
山口弁護士「いいですよ。真っすぐどうぞ」

27 同

幾重にも取り囲む報道陣、支援者たち。
笑顔の二宮が出てきて、小さな拳を見せる。

声「おー!?」

緒方、出てくる。

声「正実さん、どんな?」
緒方「(両腕で大きな丸をつくって見せ、うなずく)」
人々の声「おっ、おー!」
声「しかし、認定義務づけは?」

出てきた人、指でVサイン。

声「認定義務づけ、出た?」

佐藤も出てくる。

声「佐藤さん、オーケー?」
佐藤「オーケー(笑顔で拳を振り上げる)」

笑顔で出てくる倉本ユキ海。
笑顔のしのぶ、うれし泣きのスエミ、由布も出てくる。
判決文を手にした山口弁護士、出てくる。

山口弁護士「えっと、これはもう配られてる?まだ配られてないの?」
声「あ、来た!先生!」

溝口が両手を振りながら三智と出てくる。

声「来てください!」
声「溝口さん、来て」
山口弁護士の声「勝ったぞ!勝った!」

鈴村(支援者)、溝口の力強い筆による「勝訴」

の書を掲げる。
取材者たち、溝口に、前に立ってほしいとリクエスト。
三智「もうちょっと前だって、もっと前だって」
山口弁護士「はいはい、勝ちました、勝ちました」
溝口「万歳！やったー」
溝口、チエの遺影を胸に抱いた三智、並んで祝福の拍手、声に応える。
横で山口弁護士は急いで判決文に目を通している。
声「溝口さん、おめでとう」
三智「（溝口に）よかったね！」
溝口「ええ。（山口弁護士に）やったかいがありましたね」
山口弁護士「ありがとうございます」
三智「溝口先生、あっち向いてって」
取材者の声「溝口さん、こっちお願いします」
溝口、あちらこちらの方向に笑顔を見せる。
三智「あっちも向いてくださいって」
取材者の声「今の気持ちを」
溝口「何て言いやった？」
三智「（溝口の耳元で）溝口先生、今の気持ちを教えてください」
溝口「最高も最高も、これ以上のことはありませんね。こんな判決が出るとは。ちょっと不安だったんですよね。何を言わしたかわからんかったけど、『わあ』と言うから、勝ったなと思った」
三智「（溝口の耳元で）チエさんにはどうやって報告をしますか？」
溝口「おふくろ、頑張ってきたよと言いたい、帰ってからね」
山口弁護士「（判決文を読む）『上記症候の組み合わせが認められる場合には、通常、水俣病として認められるとして、個々の具体的な症候と原因物質との間の個別的な因果関係について、それ以上の立証の必要がないとするものであり、いわば、一般的な知見を前提としての推認という形をとることによって、多くの申請について、迅速かつ適切な判断を行うための基準を定めたものとして、その限度での合理性を有するものであるといえようが』というんで、一応『52年判断条件』を認めているんです」
取材者の声「福岡高裁より踏み込んだ点は見られないということですか？」
山口弁護士「えっと…ちょっとね、今読んだ点では、見られませんね、はい」
取材者の声「じゃ、福岡高裁の認定の仕方を含め、是認してるという理解で？」
山口弁護士「是認していると。はい。ということです」
溝口「要するに、勝ったんだからね、先生ね」
山口弁護士「はい、そうです、ハハハ」

28　同

二宮「上告を棄却すると、向こうの上告を棄却、それだけ。電報文一本。で、もうおしまい。それだけ」
監督の声「えらい簡単やん」
二宮「それだけで四万円使って熊本から来たの、ハハハ」
鎌田「福岡高裁が言ってたような法の目的との適合性欠落までは言ってないんですよ」
二宮「言ってないよね」
鎌田「ただ総合的に検討しなさいは言ってるけど、法との目的適合性に関して違法だとも何とも言ってない。それはしようがないね。それは後退だけど」
鎌田、判決文を見ながら。
鎌田「判断条件には触れてるんだけどもね。運用に当たっては、いろんな生活歴等を含めて、疫学条件を含めて、総合的に検討しなさいを言ってるだけで、福岡（高裁）が言ってくれた法との目的適合性欠落までは言ってないんだよ…」

29　東京・記者会見

山口弁護士「この程度の判決を書いて、最高裁が水俣病患者、または水俣病被害者に対して、十分な配慮をしたなんてことは、全く思ってないですよ。突き詰めていけば、『52年判断条件』は不当で、無効であるというところまではっきり書かなきゃいけないんですよ。今まで私がずっと語ったように、実質的にそういうふうな内容を持っているんだから。環境省にこれ（判決文）を持って行ったときに、『いや、52年判断条件は否定されていない』ということで、また二〇〇四年と同じようなダブルスタンダードを繰り返す可能性が十分あるわけです。本当に五十七年間の水俣病の患者さんの置かれた非人道的な、そして行政の巨悪を最高裁の裁判官が目を凝らして十分見ていれば、『52年判断条件』は違法で無効だというところまで判断したと思っております。したがって、私はやっぱり拙速な最高裁の判決だと思っております」

記者「怒りなのか、不満、不十分なのか、どういう受け止め？」

山口弁護士「私はもう判決が出た以上、それに対して、そんな感情的な問題を問題にするんじゃなくて、これをどうやって活用するかと。この判決をよく読んだら、『52年判断条件』が違法であるということをはっきり言っている。しかもあなた方は、運用において何十年も違法な運用をした以上は、その責任をとって、運用においてもそういった逸脱をしないような正しい、具体的な、きめ細かい判断条件をつくらなければならない、ということを言います」

30　東京・報告集会

スーパー　報告集会

溝口、弁護士たち、集まった人たち、記念写真撮影のために並ぶ。

鎌田「じゃ、芥川仁さんに注目ですね」

声「はい、チーズ」

声「勝訴判決、万歳！」

31　同

溝口、三智、チエの遺影を胸に抱いた知宏、山口弁護士たちが、前方の長テーブルに着席している。

山口弁護士「勝ったときはね、法律の問題なんてどうでもいいんだ、俺に言わせりゃ」
　参加者の中に、早いピッチで缶ビールを飲む二宮の姿。
山口弁護士「きょうは、遠く鹿児島からおいでいただきました二宮先生がですね」
　二宮、椅子から立ち上がり、オーバーアクション気味に拍手しながら、笑顔を振りまく。
山口弁護士の声「ありがとうございました」
二宮「いやー、最高裁判所で一個勝ったら最高ですけど、最高が二つもついたら、どげんなるかようわからんのですけど、もうすごいですよね。きょうは第一次訴訟に次ぐぐらいの、すごい判決やと思います」
　二宮、着席して一転、静かに語り出す。
二宮「一個だけ言いたいことがあります。えっと……裁判勝ったとか、勝たんとか、本当は私の中ではどうでもいいの、変な話やけど。メチル水銀中毒ちゃ感覚をやられるの、感覚をね。感覚をやられるちゃどういうことかちゅうたら……うまい飯をつくっても、うまいかどうかが何か不安定でようわからんの。オマンコして感じるかも何かようわからんの。こすっただけの感覚ちゅうんが、夜中にテントで一緒に闘争しよって話を聞いたりしよったの。何かこう（こらえ切れない涙）……えっと……ただの言葉としては感覚障害。味がわかるっちゅうんも側頭葉、脳の中に入って初めて味の違いがわかるの。……味のまったりとか……はぁ……文化がわかるの。うっうっ、すんません。裁判勝っても負けてもどうでもいいの……嫌なの、そういう感覚がなくなるちゅうのが！すんません。それが何か感覚障害ちゅうことなんですよ。どうでもいいんやけど。すんません。嫌なの、本当に嫌！好かんの、そんなの。本当にごめん。アル中やから、ごめん」
　会場から拍手。
山口弁護士の声「二宮先生は、控訴審から感覚障害だけの水俣病という線を強く出せということをブレーンの鎌田さんと共同作業で、延々と主張し続け、最高裁の答弁書もつくっていただいた」

　聞いている鎌田の姿。

山口弁護士「したがって、きょう、判決書にあのような形で、感覚障害ということだけのという、特に文言として、二宮先生と鎌田さんが勝ち取ったと言ってもいいほどの成果を受けたことで、特別、うれしいと思われます。本当に感謝してます」

　会場から拍手。

　鎌田、立ち上がり、話す。

鎌田「本当に、二宮先生が鑑別論を含めて、こんな膨大な意見書を書いてくれたんですよ。

　そして、水俣のケンさんとか、みっちゃんとか、ゼンカンさんたち。私たちは証拠集めて、準備書面書いてっていう、本当、表面的なそういう作業ばっかりなんだけども、訴訟を維持すること自体の、地元で水俣病のことで何か言う大変さ。それを継続していく大変さのところを、本当に水俣の優しい人たちに（こらえ切れず涙）支えていただいて、本当にありがとうございました」

　泣き顔の鎌田。会場から拍手。

32　環境省・会議室
　溝口、三智、弁護士たち、支援者たち、報道陣でいっぱいの室内に、官僚たちが入ってくる。
スーパー　判決当日 環境省交渉
　溝口、三智、弁護士たち、官僚たちと対峙する。
小林室長「環境省環境保健部企画課特殊疾病対策室の小林でございます」
スーパー　環境省総合環境政策局
環境保健部企画課
特殊疾病対策室 室長
小林秀幸
井口室長補佐「同じく室長補佐をしております、井口でございます」
スーパー　環境省総合環境政策局
環境保健部企画課
特殊疾病対策室 室長補佐

井口　豪

飯野課長補佐「同じく環境保健部企画課で課長補佐しております、飯野と申します」

スーパー　環境省総合環境政策局
環境保健部企画課　課長補佐
飯野　暁

溝口「役職からいうと、どちらさんが一番偉いんですか？」

小林室長「私が、管理職で室長でございます」

溝口、三智に支えられながら立ち上がり、要請書を小林室長に手渡す。

溝口「一つ質問があるんですけども、いいですかね。きょうの判決を聞いて、どう思いましたか？」

小林室長「あの、そうですね……」

声「大きか声でしゃべれちゅうとが」

小林室長「あの、まあ、溝口さんのケースにつきましては、今回の判決につきましては、溝口さんの勝訴が確定したと。で、被告の、熊本県の敗訴が確定したものという認識を持ってございます」

溝口「あんたたちの取り組みがいかんから、このように長引いたんですよ。水俣病で認定されない人が、苦しんでる人が、まだいっぱいいますよ。どう思いますか？」

小林室長「溝口さんのですね、長年のご労苦に対してましては、お察し申し上げたいと思います」

三智「も、もう一回いいですか」

小林室長「あの、溝口さんの長年のご労苦につきましては、お察しを申し上げたいと」

三智「お察しを申し上げる⁉」

声「お察し⁉」

怒号が飛び交う。

三智「（溝口の耳元で）先生の長年の苦労に関しては、お察しを申し上げますって」

溝口「はい…」

声「お察しって何だ！お察しって！」

スエミの声「どんだけ苦しんできたか患者が、知ってるんですか、あなたたちは！」

小林室長「ちょっと本当、じっくり精査をして考えてまいりたいと。判決を精査させていただきたいと考えております」
鈴村「あのね、溝口さんが上告するなっていうのに対して、熊本県はあなたたちと、環境省と協議をして上告したと言ってんのよ。少なくとも、上告に関してはあなた方は直接、溝口さんに迷惑かけてるじゃない」
高倉（支援者）「熊本県を正しいとしたから上告を助言したんでしょう。で、あなたたちは敗れた。正しくなかった。そのことを謝ってって言ってるの。当たり前のことじゃないか、小林さん、そんなことは」
緒方「溝口さんがどれだけ苦労したか。私たちは闘うために生まれてきたわけじゃないんです」
声「要するに、当時のことがわかんない人を、この会議に出させた責任者は誰ですか？」
井口室長補佐の声「中の組織で決定させていただきました」
声「だから、組織のどこら辺まで一緒に話をしたの？」
井口室長補佐「えー、担当室の管理職として対応するようにという指示を、組織として受けております」
鈴村「組織の中の誰々さん、誰々部長さんでしょう？」
井口室長補佐「大臣室、副大臣室、政務官室に確認いたしまして、担当室の管理職で対応するようにと」
声「大臣が出したんですか？」
井口室長補佐「個人名というか、環境大臣が、特殊疾病対策室長がご対応するようにと」
小林室長「今、まさしくおっしゃった平成七年、九五年のときに、政府としてのおわびの言葉もあったと思いますし、また、平成十六年の関西訴訟のときに、不作為の責任も認められたということで、本当に皆さんの長年の苦労に対して、国家としての、政府としてのおわびというのはいたしたという認識でございます。その後、保険医療、医療福祉の充実もやってきております……」
鈴村「そのときには、溝口さんは対象じゃないんだよ。溝口さんはまだ謝られてないんだよ」
小林室長「トータルな水俣病の被害に対しては、政府の、国としての謝罪をしたという認識を持ってございます。それを受けまして、医療福祉の充実ですとか、地域の絆づくりですとか、いろんな健康増進の取り組みですとか、そういう取り組みをやってきた……」
声「そういうことを聞いてるんじゃないだろう」
小林室長「繰り返しになりますけれども、溝口さんの長年のご労苦につきましては、本当にお察し申し上げたいということで……」
怒声「お察しじゃないやろう！何がお察しだ！」
三智、飯野課長補佐が手にメモを持っていることに気がつく。
三智「すみません、（メモに）何て書いてあります？」
飯野課長補佐、メモをテーブルの下に隠す。
飯野課長補佐「……」
声「何か言え。黙るな」
小林室長「要するに、まあ、何をおわびするかということなんですよね」
声「おお！」
悲鳴のような怒声が広がる。
声「あんたたち、何や！」
三智「今、ここに（飯野課長補佐が持つメモに）、謝らないって見えたんですけど」
飯野課長補佐「違う、違う、違う」
三智「じゃ見せて、それ。それ、もう一回見せて」
飯野課長補佐「ちょっと聞いて、聞いてください」
三智の後ろの席で、しのぶと共にいた由布がぐいっと前に出て飯野課長補佐に迫る。
由布「それ、かしてください！」
声「混乱するから見せなさいよ」
由布「かしてください！」
飯野課長補佐、首を小さく振る。
飯野課長補佐「室長から、室長から答えます」
三智、メモを飯野課長補佐から奪おうと必死に手を伸ばすが、かわされる。
由布「じゃ、あなたがこういうメモを書いていたっていう事実を」
飯野課長補佐の手の中に丸められたメモ。
飯野課長補佐「中で議論させてください。違う」
怒声「何が違うんだよ！」
飯野課長補佐、隣の小林室長に小声で相談する。
怒声「おい、言ってみろ、こら！」
怒声「姑息なことをするな！おい！」
飯野課長補佐、一言発するが、怒声にかき消
される。
怒声「メモ出せよ、メモ！」
怒声「出せ！」
怒声「おい、こら、よこせ」
山口弁護士の声「出せ、このやろう」
怒声「読めよ！読めよ！それ」
飯野課長補佐「読みます」
怒声「読め、読め、早く」
怒声「ここで読めよ、みんなの前で」
山口弁護士「何だ、おまえは。何だ、その態度は！」
怒声「ふざけた態度するんじゃないよ！」

飯野課長補佐、立ち上がる。
溝口、立ち上がる。
飯野課長補佐「読みます。課長補佐してます飯野で
ございます」
飯野課長補佐、手にしたメモを見ながら話す。
飯野課長補佐「きょう、知事は夕方、認定すると
おっしゃいました。健康被害を与えたことについ
て……」
三智、飯野課長補佐が持っているメモを奪い
取る。
三智「（メモを読んで）謝らないって書いてあるわ、
ここに」
山口弁護士、立ち上がる。
山口弁護士「このやろう！こら、このやろう！」
飯野課長補佐「ちょっと待って下さい。ちょっと
……」
三智「あなた、謝らないって書いてあるでしょう」
飯野課長補佐「違います」
三智「書いてあるわ！」

飯野課長補佐「違う」
声　「読ませろ」
山口弁護士「駄目だ」
　山口弁護士、飯野課長補佐のメモを預かる。
山口弁護士「(飯野課長補佐に) 読め、読め」
声　「でも、(メモを) やらないと読めないじゃないですか」
飯野課長補佐「いや、わかってます、読めます、読みます。健康被害を与えたことについておわびをします。環境省としておわびをします」
声　「ええっ?」
飯野課長補佐「違う。それを、今、私が書いたメモなんです」
声　「それ (メモ)、写真撮らせてください」
飯野課長補佐「上告をしたということについては、謝らないと書きました」
声　「ええ!?」
声　「何、それ?」
声　「じゃ、何について謝るの?」

　溝口、疲れたように、三智に支えられ座る。
飯野課長補佐「認定をされるわけですから、溝口さんの被った、お母様の被った被害についておわびします。環境省としておわびをしたいと。亡くなったお母様と、そのご遺族で、今回、裁判をされてきた秋生さんに対してというメモを用意したということです」
声　「じゃ、謝りなさいよ」
声　「そのとおりにしてください」
　飯野課長補佐、隣の小林室長を見る。
小林室長「……」
声　「室長!」
小林室長「きょう、判決を受けての申し入れということでお約束をいただきまして、きょうは判決後の申し入れということでご要望いただきました」
スエミ「きちんと謝りなさいよ」
小林室長「繰り返しになりますけれども、平成七年あるいは平成十六年の時点で、国の高官から水俣病のトータルな被害の拡大については謝罪をしたという認識を持っております」
スエミ「あれは謝罪になってませんよ」
小林室長「繰り返しになりますけども、お察し申し上げますということを繰り返し申し上げております」
スエミ「きちんと謝りなさいよ、頭下げて」
声「逃げてるだけだろう」
小林室長「多大な被害を与えてきたことについては、平成七年、平成十六年の時点で国の責任者から……」
声「終ってないぞ。それで終ったと思ってんのか、おまえたちは」
声「あんたたちは加害ば続けよってよ」
小林室長「まだ現在進行形だと認識を持っております。被害はまだ終わってないっていう認識を持っています」
スエミ「それじゃ、患者さんに対して謝りの一つもないんですね、あなたたちは」
声「そっでよかと思っとっとか」
小林室長「……」
溝口「水俣病が正式に認められてから何十年になりますかね。なぜ、こんなに長く解決しなかったか、一人一人言ってみませんか。何十年ですか」
井口室長補佐「申しわけありません。室長を差し置いて、私の立場から申し上げることはできません」
山口弁護士「いいよ。さっきは差し置いて言ったじゃないか」
井口室長補佐「あの、被害の拡大を防げなかった国や県にも責任があるということは、当然了解しております」

しのぶと座っている由布。

由布「ねえ、井口さん、この前来たじゃないですか、ほたるの家に。あなた、そのときオオツボさんと一緒に来て、胎児性患者たちのために、患者さんのために、できる限りのことをするって……（涙声）言ったでしょう」
スエミ「うそだったんですか、それは」
由布「（涙声）患者さんたちのことを、できる限りのことをやるために自分たちは……自分たちは待ってるんだって。やれることをできる限り準備して待ってるんだっておっしゃいましたよね、あのときオオツボさん。じゃ、何で今そうしてほしいって言ってる患者のためにできないんですか。あなた、この前、しのぶさんとも会ってるじゃない！」
井口室長補佐「あの、国の規制権限の行使が遅れたということで、被害の拡大を防げなかったということでございます」
三智の声「お願い。もうちょっと、大きい声で」
井口室長補佐「被害の拡大を防げなかったと」
山口弁護士の声「それは、患者さんが多くなったって話でしょう。それを救済してないことはなぜかっていうことを言ってるんですよ、今。五十七年間」
井口室長補佐「……」
山口弁護士「わかんないんだったら、わかんないって言え、このやろう」
井口室長補佐「申しわけありません。あの……ちょっとお答えできません」
山口弁護士「うん。おまえ、わかんないってこと。じゃ、室長」
小林室長「……」
山口弁護士「なぜか。官僚的答弁なんて聞きたくない」
声　「何でしゃべれなくなっちゃうんだよ」
小林室長「その時々で裁判があって、裁判の結果を踏まえて、立法措置がなされました。まあ、その時々で立法措置もなされて、救済制度もつくられてたんですけども、そこで満足されなかった……」
山口弁護士「満足じゃないだろう！救済されてないからだろう！」
小林室長「申しわけありません。言葉、撤回します」
山口弁護士「このやろう！六万五千人をさ、なぜ五十七年間、放置したんだ」
小林室長「……」
山口弁護士「患者を認めたくなかったからだろう」
溝口「そうだよ」
山口弁護士「そういう指令があったんだろう。今までの環境庁が、あなた方が引き継いでる行政が、そういう非人道的なことをやってたってことは、きょう、最高裁の判決の主旨じゃないか」
小林室長「だから繰り返しになりますけど、52年の……」
山口弁護士「繰り返すな！」
小林室長「いや、『52年判断条件』自体は、迅速かつ効率的にやるというために……」
山口弁護士「そんなことを言ってるんじゃないんだよ。今言ってるのは、六万五千人がどうして出たっていうことだよ、半世紀以上もたって。その質問をしてんだよ、俺は」
小林室長「……」
山口弁護士「わかってないなら、わかってないって言えよ。俺は彼にも言ったように、それ以上のことは追求しないからな。わかんないっつったらしようがないんだ。あなたもわかんないって言いなさいよ。わかってないんだもん、本当に」
小林室長「……」
山口弁護士「なぜ救済しなかった」
小林室長「……」
山口弁護士「認定制度がおかしかったからだろう」
小林室長「まあ、制度として。ですから、公健法の制度と、平成七年の政治解決、あるいは平成二十一年の特措法とか、その時点時点での政策的判断、政治的判断もあって…」
山口弁護士「そんなのさっき言ったように、最高裁で批判されてるじゃないか。最高裁で批判してるの読んでんだろう、おまえは」
小林室長「今、申し上げて満足いただけるかどうかわかんないんで、申しわけないですが、ここではちょっと控えさせていただきます」
山口弁護士「え？」
小林室長「ここではちょっと控えさせていただきます」
山口弁護士「それこそ官僚的な答えだよ」
小林室長「申しわけございません」
山口弁護士「言えないということね。僕の質問はそれで」
声　「溝口さん、ご苦労さまでした」
拍手。

33　熊本県庁・会議室

スーパー　判決翌日

熊本県庁交渉

溝口、三智、知宏、弁護士たち、支援者たちが着席。報道陣も詰めかけている中、蒲島知事がやってくる。

スーパー　熊本県知事　蒲島郁夫

声「蒲島さん、簡単に謝罪するんじゃないよ。去年の二月二十七日に、あなたは政治資金パーティーで出てこなかったでしょう」

蒲島知事「(うなずく)」

声「きょうはそのことを謝罪してから始めなさいよ」

声「そう、そのとおり」

声「知事というものは簡単に頭、下げるんじゃない」

蒲島知事、村田副知事、谷﨑環境部長らが溝口たちの前の長テーブルに立ち、会釈。

34　同

溝口、三智、弁護士たち、蒲島知事たちと対峙して座っている。

山口弁護士「知事の場合は、特異まれな努力と幸運とによって、現在の位置をご自分のお力で得ている以上、僕は本当に歴史に残るような政治家になっていただきたいということを就任の当初、また二回目のときにも思っております。しかし、ここからが重要なんですけれども、これまでの（蒲島）県知事の水俣病に対する姿勢は、今までの県知事と何ら変わってないと。単に謝るということではなくして、五十七年間の水俣病に関する県の違法行政を、どのような理由があったのか。どのような原因で五十七年間、半世紀以上長らえて現在も解決していないのか」

蒲島知事「溝口チエさん及びご遺族の方々には、申請から判決に至るまで、多年にわたり大変なご心労をおかけし、深くおわび申し上げます」

蒲島知事たち、立ち上がり、頭を下げる。

取材者たちのシャッター音が響く。

蒲島知事「判決文の正本がまだ届いておりませんので、正本が着き次第、速やかに認定いたします」

山口弁護士「県知事は、五十七年間の水俣病に関する違法、違憲の行政に責任がきょうもある。きのうもあった、おとといもあった、先おとといもあったわけです。したがって、その原因と、なぜそういうふうに五十七年間放置してきたのか。そして、それはどういうふうにすれば改善できるのか」

佐伯良祐弁護士、立ち上がり質問。

佐伯弁護士「認定審査の基準を見直す、そういうおつもりがあるのか、どうかなんですよ」

蒲島知事「私どもは法定受託事務執行者であります。法定受託事務執行者というのは……」

スーパー　法定受託事務執行者

佐伯弁護士「お気持ちのことを聞いております」

蒲島知事「うん？」

佐伯弁護士「お気持ち。法律的なシステムのことは聞いてません」

蒲島知事「いや、システムの中でしか人は動けません。判断基準は国が示します。そういう意味では、法定受託事務執行者として、その判断基準に沿ってしか動けないと。都道府県知事は医学的判断のみならず、必要に応じた多角的、総合的な見地からの検討が求められること。こうした都道府県知事の判断の適否については、裁判所が個々の事情と関係証拠を総合的に検討して判断できること。これが、私が読んだ判決文の内容ではなかろうかと」

佐伯弁護士「じゃ、これまで総合的な判断、検討というのを行ってきたんですか、どうなんですかっていう点なんです」

谷﨑環境部長「審査会においては、これまでも医学的知見に基づいて、総合的な検討は行ってきたということです」

出席者「ですから、チエさんの審査過程を明らかにしてください。どういうふうに総合的に判断したのか」

谷﨑環境部長「資料がない中で、ご本人の申請、診断書のみをもって、判断するということで」

出席者「ですから、どういう総合的検討をやったのかということをお聞きしてるんです」
谷崎環境部長「審査会としては、資料はないということで、判断できないという結論でございます」
鈴村「感覚障害のみの方を公健法の患者として認めるというのは、今の段階でもできるはずですよね、総合的判断をすれば」
谷崎環境部長「先ほどもお答えしましたように、私どもとしてやってまいりましたけども、その総合検討でよろしいのかどうかということも含めて、そこは国のほうに、その考え方を、お伺いを立てなければいけないと思っております。その結果として、私どもとしても判断して対応してまいりたいと思ってます」
支援者の伊東紀美代も質問。
伊東「すいません。そういうお話を聞いていると、あなた方は、溝口さんについては、義務づけが決定したので認定すると。そのほかについては、今の状況を一切、変えるつもりはないと。
あなたたちは最高裁の判決をどうしようと思うんですか。みんなに、これから何十年とこういう苦労を強いるつもりなんですか」
蒲島知事「私の立場は、法定受託事務執行者であります。基準を示すのは、国であります。それで、今、さまざまなご意見の中で、認定基準を変えろというお話がありますけども、それはできないんです」
スエミ「国に行けば、国は県に聞かなきゃ何もわからない。で、県は国に聞かなければどうすることもできないという責任のなすりつけ合いをしてらっしゃいますよね、これまでも。本当にあなた方が患者を少しでも、一人でも多く、たくさん救済するという心があれば、県でも何でもできるはずです。国に従わなくても、あなたたちが心を開いて、患者に何でもしようと思うなら、救う気持ちがあれば、できないことは何もないと思います。どうしてできないのですか」
村田副知事「法律を所管してる権限者たる国がその判断を持たない限りは、それぞれ法定受託者が、ばらばらにやってしまうということになるわけですから」
山口弁護士「あなた方は加害者としての固有の責任があるんだと、水俣病の解決と患者救済に対してね。もし、国が間違った基準を運用していたとき、あなた方は、それを改革、改善するための努力をする義務があるんですよ。それは、政治学者である県知事だったらわかりますよね」
蒲島知事「特措法に関して言えば、御存じだと思いますけれども、国の特措法の最初の、あれから、相当県のほうも頑張って、相当な程度、我々の要望を入れられたんじゃないかと思ってますから、全く環境省が言ったとおりやってるというのは……」
山口弁護士、悲しげな表情。
スエミの声「特措法は、本当の患者救済じゃないんですよ。わかってるんですか。それで、あなたは自分のことを自慢してますけど、それは、患者にとって本当の救済じゃないんです。わかってるんですか。何言ってるんですか」
谷﨑環境部長「私のほうとしても、特措法のいろいろ、実現ということに、確かに、私、ここ数年やってきたし、またその実施をやってきました。ですから、それは本当の救済じゃなかったということになりますと、私としては何も言うことはございません」
しのぶ「同じことばっかり。何遍も。きちっとしてくださいよ」
由布「（しのぶの言葉を伝える）何遍も、何遍も！」
佐藤「知事。溝口さん、ほかの水俣病の被害者、患者に対して土下座してくださいよ！そうしないと私は帰りません」
蒲島知事、村田副知事と顔を見合わすと、立ち上がり、一人、溝口の前へ進む。
蒲島知事「不十分だと思われたかもしれません。しかし、知事としてできること、そしてきょう答えられること、きょう一生懸命にそれを用意してまいりました。今、佐藤さんが土下座をしろとおっしゃいましたけれども、溝口さんが本当にそれを望まれておられれば、私はここで……」
溝口「もう、大変も大変ですよ」

蒲島知事「……」
溝口「(手でバツをつくり) 人生真っ暗。それでもこんな……」
蒲島知事「それじゃ、あの」
取材陣に囲まれた蒲島知事、立ったまま溝口に頭を下げる。
蒲島知事、何も発言せずに立ち去ろうとする。
三智「な、何ですか、今の?それ、何ですか、今の?」
溝口「(三智に) 何回でも、同じやって」
声「今後、患者のために一生懸命やるっちゅうことか」
蒲島知事「はい、そうです」
三智「ちょっと待ってください。それを口で言ってください、今、書きますので」
声「具体的にどういうことをするか」
声「患者さんを認定しなさい、まず」
蒲島知事「私が今、お聞きしたのは、本当に溝口さんが土下座を望んでいらっしゃるかどうかをお聞きしました」
声「そういうことじゃないだろう。あなた自身が決めることだろう」
蒲島知事「だから……」
溝口「これからも県の対応をずっと見てますからね」
蒲島知事、溝口の前から去ろうとする。
三智「すいません、今、先生、話してらっしゃいますよ。あなた、聞いてください、ちゃんと」
蒲島知事「待ってください。私は聞いてます」
三智「あなた、帰ろうとしたでしょう、今。だから、聞いてくださいと言ったの」
蒲島知事「そういうことで、きょうは心からおわび申し上げます」
蒲島知事、立ったまま溝口に頭を下げる。
溝口「私も、物の言うことがちょっとネームバリューが出てきてますからね、言うことが、そういう……」
蒲島知事「じゃ、これで」
蒲島知事、溝口の話が終わらないうちに立ち去る。
溝口「言うときには、徹底的に言いますからね」

35　熊本大学医学部・外観
　スーパー　熊本大学医学部

36　熊本大学医学部・研究室
　浴野、インタビューに答える。
監督の声「溝口裁判、最高裁で勝ったんですよ」
浴野「はい」
監督の声「もちろんニュースでご存じでしょう」
浴野「はい」
監督の声「浴野さん、どう思ってるのかって」
浴野「多分、ほかの人と違うと思うけど、僕は御用学者が駄目だった結果やと思うとんのよ。国が自滅したんですよ。というのは、いままでもずっとあれで闘ってきとるわけですね、裁判は。そのときは、結局、国側は、曖昧な形の、末梢神経がやられてて、脳もやられてるということでいってて、いろんな矛盾点があったけど乗り切ってたと。それが、前の（関西訴訟の）大阪高裁のときに、結局、がたがたになったんですよね。向こうがどうしていいかわからなくなったと思うんですよ。結局、患者であるってことを論理的に説得できるようなものを今、持ってないんですよ、国は、実は」
監督の声「国のほうが？」
浴野「持ってない」
監督の声「でも、先生、それは持ちようがないでしょう。つまり、間違ってるわけだから」
浴野「そうなの。そのとおりや、間違ってるんですよ。だから、国はどうしようもないんですよ」
監督の声「でも先生、以前、溝口裁判の、訴えた側のほうにもまだ医学的な、何ていうか、弱さみたいな？」
浴野「弱さがある。水俣病の手袋・ソックス型っていうのは、実際は診断したら、手袋・ソックス型じゃないわけですよ、水俣病は。それで僕は二宮に怒ったんですよ。今の我々のデータでいうなら、訴えは手の先、口の先がしびれてると言うけど、実際、調べると全身の感覚が鈍くなってるというのが水俣病なんだと。だから、手袋・ソックス型といったら、物すごく混乱が起きるよっていうのが。それが通ったということに、僕は物すごい驚きなんですよ」

監督の声「なるほどね」

浴野「どれが水俣病か、わからなくなっとんですよ。せっかく勝ったのを、これやって今の、後退ですよね、水俣病の医学に関しては」

監督の声「ということは、いまだにやっぱり混沌としてるんですか」

浴野「めちゃくちゃになってますよね」

37　水俣湾（夕）

　水面に夕日が映る。水俣湾を進む小さな船と引き波の残影。

スーパー　蒲島知事はこの後
認定手続きを加速させたが
申請者のほぼ全員を
次々と棄却していく方向だった

スーパー

	認定	棄却
２０１４年度	**０名**	**11名**
２０１５年度	**２名**	**97名**
２０１６年度	**２名**	**２４６名**
２０１７年度	**０名**	**３１４名**
２０１８年度	**０名**	**３０１名**

○赦しは可能か

38　ニュース番組の画面

アナウンサー「熊本県を訪問中の天皇皇后両陛下が水俣病の患者や家族と、初めて面会されました」

　ニュース番組のテロップ　慰霊碑に供花
　両陛下　水俣病患者らと初面会

39　同

　緒方、天皇皇后と面会している。

ニュース番組中の緒方「手足のけいれん、さまざまな症状が現れて、もがき苦しみ（水俣病だった祖父は）あの世へ旅立ってしまいました」

40　エコパーク水俣内

緒方、碑を背後に座ってインタビューに答える。

スーパー　「語り部の会」会長 緒方正実

監督の声「緒方さんに向けられる批判ってあるじゃないですか」

緒方「はい、はい」

監督の声「天皇に、患者代表として、つまり緒方さんが選ばれると」

緒方「確かに、天皇皇后両陛下とお会いすることに対して、直接、非難してきた人も中にはいますけども、噂的に、いわゆる、水俣病は終わっていないのに、幕引きにつながるような雰囲気づくりを患者である緒方正実がするのはおかしいと。

水俣病が終わっていないその現実を、やはり天皇陛下に直接患者として伝える、それが最大の目的だったんですね。

ただ、私は当日の朝まで相当迷いがあったんですけども、石牟礼道子さんから一本の電話があったことで、私は自分がしようとしてることは決して間違っていないというふうに確信して、腹をくくりました」

41　熊本市・介護付き有料老人施設内

監督、石牟礼道子の部屋を訪ねる。

渡辺京二がドアを開ける。

監督「失礼します」

道子「どうぞ」

監督「ありがとうございます。お邪魔します」

42　同・中

車椅子に座った道子、インタビューに答える。

スーパー　作家 石牟礼道子

道子「緒方さんも自分お一人の考えでは心細かろうと思って、たくさんの死んだ人たちが後について いるんだって。いますね。あなた一人じゃないですね。きょう、天皇様にお会いできるのは、たくさんの人たちがついている。死んだ人も、生きてる人もついてますよね、見えないけど、姿は。そんなことを言ったと思います」

監督の声「そうですか」

道子「はい」

43　エコパーク水俣内

緒方、碑を背後に座ってインタビューに答える。

緒方「天皇陛下は、身を乗り出して私の目をしっかり見られて、本当に目をそらすことなく聞いてくれましたね。同じ人間があれほどの雰囲気がつくれるのかなとも思ったんですね。オーラなのかなと思うんですね。ずっと遠くの時代の先祖と会ったというような、そんな感じもしましたね。私が人になる、そのきっかけをつくってくれた、緒方家の先祖と会ったような、そんな雰囲気までこう。

ですから、私は水俣病のそういった苦しみ、悲しみの部分を少しでも取り除くための天皇皇后両陛下との面会であったならば、何も失うものは、私は、そこにはないと」

インサート映像（ニュース番組画面）

天皇皇后が稚魚を放流

緒方の声「『水俣湾に魚の稚魚を放流して、その魚は水俣病になりはしませんか』、天皇陛下皇后陛下に伝えてほしい」

緒方、碑を背後に座ってインタビューに答える。

緒方「石牟礼さんらしい、そういう思いを持ちつつ『豊かな海づくり大会』に目を向けられていたと思うんですね。

本当に考えてみれば、きれいに再生されたんだろうかな。きれいで安全な自然環境になってるのかな。もしかしたら、そこにはまだ人体に害のある物質が散乱してるかもしれないな。一九九七年、いわゆる『もやい直し』の一環として実生の森づくりというのがあったんですけどね。その森の下には、ドラム缶三千本に詰め込まれた魚たちが、罪もない魚たちが眠っているんです」

碑　御製

あまたなる
人の患ひの
もととなりし
海にむかひて
魚放ちけり

44　老人施設内・石牟礼道子の部屋

道子、インタビューに答える。

監督「最近、石牟礼さんがもう許すと、許そうじゃないかっていう発言を、読んだだか、聞いたかしたんですよね」

道子「あの、杉本栄子さんが言い始めなさったんです。それで私もはっとしまして。

怨の字の、怨の旗をつくったりしましたけれど、それで、栄子がどうしても赦せんって言うて。どうしても赦せんっていうことが人間の世界にあっていいものか。人を憎めば苦しかろう。苦しかじゃろう。苦しか。そしたら、赦せば苦しゅうなかごんなるよって。よくよくの苦悩の果てだろうと思います」

監督「そうですよね」

道子「はい」

監督「恨みはどこへ。どうすりゃいいでしょう?無念を持って死んだ人は、たくさんいらっしゃいます」

道子「はい、はい。無念、無念ですよ。私は小さいときからお寺に連れていかれておりました。親が連れていくんですね。それで、そこで煩悩という、煩悩をどうするか。煩悩があるって、人間には。外に出すか、内にため込むか。理屈じゃわかるけど、煩悩が残る。その残った煩悩をどうするか。打ち殺して、刺し殺して、自分も死ぬのかと思うでしょう。ところが、なかなかできないんですよね。それで、『怨』の旗を考えつきました」

インサート「怨」の文字が書かれた旗

監督の声「そうです。あれはショッキングでした。あの旗は」

道子、インタビューに答える。

道子「一緒に心配してくれる人のことを何とかかって

いうんですけどね。言い方があるんですよ。名前がついてる。そのとき、立ち上がることもできないほど打ちのめされているときに、一言で。なでてもらって背中を、魂をなでてもらって。それを何て言ったかなあ。忘れたなあ」

道子、震える手でポットから急須にお湯を注ごうとする。

渡辺が止めようとする。

スーパー　作家　渡辺京二

渡辺「やばいことやめなさい、あなた。ちょっとやめなさい。僕がしてやる。ああ……」

道子「おお、おお……。（お湯が）出ました」

渡辺「ストップ、ストップ。ストップ」

道子、お茶を飲む。

渡辺、和菓子を監督たちに勧める。

渡辺「一つずつおあがりになって」

道子「ああ！悶《もだ》え神。思い出しました」

渡辺「……」

道子「悶え神でした。悶えて加勢する」

渡辺「自分が何の加勢もできんから、せめてね、せめて嘆き悲しみを共にしてやろうということですよね。それは、部落で何かあると、人のことをえらい心配して、人のことなのにさ、我がことのように悶える人がいるってわけですよ。そのことを悶え神っていうふうに部落で言うんだそうです」

45　水俣市・病院・談話室

溝口、二宮、鎌田、座って、二〇一二年溝口訴訟福岡高裁勝訴を報じる新聞を読む。

二宮「まあ、よう頑張ったね」

二〇一二年の新聞紙面の見出し「水俣病　国の基準否定」「水俣病基準　高裁認めず」

溝口「すごいですね」

二宮「本当、すごい」

溝口「みんなでね。みんなでやったわけ」

鎌田「蒲島知事が、選挙のときの公約の一つに挙げとったのが、私の任期中に今の認定申請を全部片づけてみせるって言ってるわけですがね」

溝口「おお。謝ったなら、その後どうすべきかというんですよね。ただ口先だけで謝ったって始まらんだろううち」

新聞を見ていた溝口、眼鏡をとって涙を拭う。

溝口「しかし、もうこれ（福岡高裁勝訴判決）は、消えないわけですからね。ハハハ。庶民っていうのはすごいですね。みんなで勝ったんですからね」

46　鎌田と二宮へのインタビュー

鎌田、二宮、インタビューに答える。

鎌田「赦すとか、赦さないっていう話ですけど、本当にその人個人の主観の話ですよね。自分の場合は、どこかの時点からそういう情念的なというか、話はもう捨象《しゃしょう》してるわけですよ。単純に、病気は病気ですねと。しかも、病気と言われるものが、実は、事件としては傷害事件で、殺人事件という加害者と被害者がいるのであれば、加害者は謝罪して補償するのが当然でしょうと。やることを当たり前にやってくださいねという、それだけですね。報われ方っていうのは、やっぱり、一言で言えば、『詐病扱い』は絶対拭わなきゃいけないだろうと」

二宮「みんな同じ人生を生きる中で、どんなに自分自身を裏切らんでやれるかちゅうのが、多分、何か、何でも一緒みたいな気がするんだけどね。まあ、実際、裁判勝ったとこで、やっぱり、何かよくなるわけでも何でもないんよね、実は。それは、最高裁でチエさんが勝ったときだって、勝ったよ、みんな勝ったちゅうけど、勝って、じゃ体がよくなるとかそういう話でも何でもないのね。でも、でも、納得あるとこで何か自分がやり切れたちゅうんかな、というとこのやっぱりうれしさちゅうんかな。勝ったとこで何も変わらん、病気やからね。病気がよくなるわけでもないんやから」

鎌田「溝口さんご自身は、『全面勝訴の溝口です』といつも自己紹介のときにそうおっしゃるわけだけども、しかし、やっぱり、百の裁判の判決なんてないわけですもんね。やっぱり、手続、法論、未検診死亡者の問題に関しては、何ら判示されませんでしたし、それは現在進行形だし、最高裁判決にもかかわらず、また環境省はでたらめな通知を出したりとか、蒲島知事の棄却路線は変わらないと思うんですね。審査会のでたらめさも恐らく変わらないでしょう。ふざけ過ぎだと思うんです、私はね。

この無責任な人たちによって、どれだけの人たちが、本当にきつい思いを抱えながらきょうまで来たかと、どんな思いで亡くなられたかと思うわけですよね。これは許せないですよね」

47　水俣市・病院・談話室

溝口、二宮に支えられて椅子から立ち上がる。

二宮「ゆっくりね」

溝口、車椅子に乗る。

二宮「(車椅子のストッパーを解除) よっしゃ」

鎌田、溝口の車椅子を押す。

二宮「(溝口の左腕に触れて) ありがとう」

溝口「(左手を軽く上げて応える)」

監督の声「ありがとうございました」

車椅子の溝口の背中、廊下の角を曲がると見えなくなる。

○エピローグ

48　熊本地方裁判所・前

スーパー　水俣病被害者互助会裁判
地裁判決日

門に横断幕が掲げられている。

横断幕　われら、水俣病胎児性世代は
国・県・チッソを弾劾する‼

水俣病被害者互助会国賠訴訟原告団裁判所から佐藤さんたち原告、弁護士、支援者たちが重い足取りで出てくる。

判決文に目を通す康《かん》弁護士。

声「ここで負けるか……」

三智が涙を拭う。

康弁護士「判決の結論ですが、旗出しはありません。棄却が出ましたので……今回は旗出しができません。八人の原告のうち水俣病と認められたのが三人、五人が棄却という結論になりました。実質的に敗訴というふうに弁護団は考えております。全くの門前払いです。ほかの病気の可能性があると。だから、また今回も可能性ということで切られてるってことでは、明らかに不当な判決だというふうに思われます」

佐藤、肩を落として立っている。

声「最後に佐藤さん、一言だけ」

佐藤「皆さん、お疲れさまでした。きょうの判決を聞いて、唖然としました。水俣病のことを、本当にきちんと捉えた人であるなら、もう少し納得のいく内容じゃなかったかと思います。本当に期待外れだったと思ってます。どうもきょう皆さん、お疲れさまでした」

原告たち、支援者たち、そして取材者たちも静まり返っている。

49　水俣市・ミカン山

まだ青い甘夏ミカン。

佐藤、インタビューに答えている。

監督の声「これはちょっと一般的な話になるんですが、水俣市民？意識して魚をいっぱい食べてるような人でない市民の中でも水俣病の症状が現れてるというふうに聞くことがあるんですけど」

佐藤「いや、私のとこにはそういう話は余り。だけん、水俣の中でそういう水俣病の話をするのは余りないですよね」

監督の声「あ、そうか」

佐藤「逆に、水俣病の話をしたら、嫌われてしまう。だけん、何か水俣病の話をするのはタブー的な感じになって、余り……」

監督の声「いまだにそうですか」

佐藤「そうです、はい。だから、いろんなとこに行って水俣病のそういう話、ないです」

監督の声「しないんですか」

佐藤「しないです」

監督の声「しない？」

佐藤「はい。何でかなといつも不思議に思ってる。自分たちが悪くはないのに、何でそういう水俣病の話は水俣はタブー的な感じかなと」
監督の声「ねえ」

50　水俣市・田中実子宅・中
　綾子、下田、支援者・伊東紀美代、実子を見守っている。
下田の声「何ごっちゃろかち、一生懸命見よって」
　外出の準備をしている実子の横顔。
紀美代「横顔がきれい」
長岡の声「きれいですね。ヘアカットしたの、最近ですか」
下田の声「はい、一週間ぐらい前に」
長岡の声「一週間前に」
下田の声「じっ子、じっ子」
　実子、顔を動かし、下田に視線を送る。
下田「(実子に) ね」
　ヘルパーと紀美代、実子の着替えを手伝う。
ヘルパー「実子さん、(ヘッドガード) とるね。お散歩だって。よかったね」

〈タイトル〉
実子さんにとって今日は
一年ぶりの外出の日
　実子、ヘルパーに後ろから抱えられて立ち上がり、歩く。
ヘルパー「よいしょ」
　実子、ピンク色の車椅子に移乗。
ヘルパー、紀美代、下田、監督、実子の車椅子を準備。
実子、紀美代に車椅子を押してもらって玄関から外へ出る。

51　同・外
　実子、廊下から駐車場へ出てくる。
実子「あああ」

ヘルパー「うれしいね。実子さん」
実子「うううう……」
　実子、紀美代に車椅子を押してもらって進む。
　下田、ヘルパーがついて歩く。
下田「一年ぶり」
ヘルパー「うん」
紀美代「風が心配」
実子「うううう……」
　実子、風を受けるように右手を広げ、笑顔。
紀美代「私には顔が見えないの、残念だけど。笑顔ですか」
長岡の声「はい」

52　坂道
　坂道を上っていく実子。
紀美代「ああ、久しぶりの。きょうはお天気よくてよかったですね」
　ゆるやかな坂を上がりながら景色のいいところを探す紀美代たち。

紀美代「ここから入らんと?」
下田「入れますよ」
紀美代「こっから入ろう」
下田「はい」
紀美代「そのほうが景色がいい」

53　高台
　実子、水俣湾が見える高台に到着。
紀美代「海が見える」
　紀美代、海が見える方向を実子に指で示す。
　実子のまなざし。

54　不知火海
　ゆっくり進むドローン撮影による不知火海のロングショット。
　青白い、低い雲と海の中空を進む。
　霞の先に、遠く天草の山が見える。

スタッフ

監　督　原一男

エグゼクティブ・プロデューサー　浪越宏治

プロデューサー　小林佐智子
原一男
長岡野亜
島野千尋

撮　影　原一男
長岡野亜

編集・構成　秦岳志

構成協力　小林佐智子

監督補　長岡野亜

編集協力　岡崎まゆみ
川上拓也

撮影協力　森谷真澄
満若勇咲
友長勇介
原田芙由子

ドローン撮影　石崎俊一

整　音　小川武

録音協力　栗林豊彦
北里伊都子
田中健太
佐藤寛朗

写真提供　桑原史成

映画提供　シグロ＋青林舎

製作・配給　疾走プロダクション

配給協力　風狂映画舎

グラフィックデザイン　千葉健太郎

宣伝デザイン　つちやかおり

Ｗｅｂデザイン　古谷里美

海外セールス　黒岩久美

音　楽　T 80 Chochek
Composed by D.K. Heroes
Performed by Hayden Chisholm: Saxophone
Zeljko "Paganini" Stefanovic: Violin
Miloslav Stanojevic: Keyboard

Vanja Stojnov: Guitar
Produced by Hisashi Yamasaki Vukelic

協　力　岡田秀則
ドン・ブラウン
平嶋洋一

特別協力　浴野成生
二宮正
横田憲一
伊東紀美代

助　成　文化庁文化芸術振興費補助金
（映画創造活動支援事業）
独立行政法人日本芸術文化振興会

〈タイトル〉

故・土本典昭監督にこの映画を捧ぐ

シナリオ採録　岡崎まゆみ
長岡野亜
小林佐智子

水俣曼荼羅論

佐藤忠男

原一男監督の声「水俣曼荼羅」三部作はとても楽しい映画である。ぜんぶ見ると六時間を超える長篇のドキュメンタリーだというし、水俣病を扱っている内容だろうし、いかにもしんどい映画という感じなので、そのつもりで見に行ったのだが、意外や楽しい映画であることに驚いた。

言うまでもなく、水俣病は裁判によって公害病と認められた病気である。そうである以上、チッソで働いていた人たちは医者の診察を受けなければならない。それで水俣の工場で働いている人々が町のどこかで一緒に暮して、二人の医者からその検査を受けている。その検査の様子が重要な部分を占めている作品である。ただ新しく発見された病気であるだけに検査と言ってもどう調べるべきかも多分に検討中らしく、二人は自分たちが先輩のやり方をどう批判し、どう改善したかを楽しそうに患者たちに語るあたりからして、半ば医学界批判で、元気が良くて楽しい。

患者さんたちのほうにしても、そうである。神妙に検査を受けている場面もあるが、長年の患者である坂本しのぶさんが作詞した「これが、わたしの人生」という歌がなにかの音楽祭の優秀作品を受賞して、その発表会に出かけて行って、親しい人々と語り合う第三部のはじめの長いシークエンスなど、とくに目出たくて楽しい。

彼女には好きな男性がこの町に何人もいる。その面々とつぎつぎに出会う。男たちは彼女に気を遣いながら彼女とのつき合いを語る。彼女はそれを楽しそうに聞いている。その表情が、とても辛くて悲しそうではあるが同時に素敵なのだ。司会役を監督の原一男が自分でやっていて、これがまたいいのだ。男たちはみんな、この地元で文化活動的なことにかかわりのある仕事をしている人たちで、言葉の選びかたも慎重に、適度にユーモアをまじえながら、男と女の親しいつきあいを語る。もちろんそこでは、慎重なうえにも慎重に言葉を選んで品の良い会話になっているが、ニコニコ笑って聞ける会話である。監督は彼女の母親とも彼女の自立と恋愛の可能性について語り合う。母親の結論はやはり無理、ということだが、こういう会話ぐらいは、彼女も実際に出来るのだということは大きな驚きであり、発見である。もちろん、その話を聞いて、いっそう気の毒になるということはあるが、胎児性水俣病の患者と言っても本当に何もできないというわけではなく、何か可能性をさぐる道は見出せないわけではなさそうだという希望を感じさせて、素晴らしい時間だった。もちろん希望といっても限界はあるし、そう考えて希望を持ちすぎるとかえってまずいのかもしれないが、この状態では何もできるはずはないと思い込んでいたこれまでに較べれば大きな違いだ。とにかく彼女は恋愛に夢を持っていることは分るが、それが分ってなんとなくまごついている気のいい男たちが三人も四人もいる眺めは愉快である。生まれてきた甲斐はある、ということかもしれない。

明らかにそこには、はじらいでいっぱいの愛がある。その愛が発展し得ないめんどうなものであるから厄介だが、もともと愛とは厄介なものだったのではないか。とうてい結ばれそうにない愛だからといって、はじめから否定してしまうことはない。案外、プラトニック・ラブの哲学みたいなものが、ここに生れないものでもない。

彼女の愛に喜んでいるような困惑しているような男たちが、みんなとても感じがいいし、誠実そうに思えたからこんなことも言えるのであるが、ほんとうに良かった。

この坂本しのぶさんが、この映画のヒロインだとすれば、この映画のヒーローは、やはり小児性水俣病患者だという生駒秀夫さんである。体格のいい、ボートも操れるし水泳も得意な男性で、幼い頃には毎日のように水俣湾で泳いで育ったものだという。その少年時代、どんなにこの海辺に親しんだものだったかを語るあたりは本当に海の男というにふさわしい。なつかしそうに海を語った末にはズボンをはいたままボートから静かな海にとび込んで静かな水の中をもぐる。「われは海の子」だ。こうしてもぐり込んだ海が本当に自分の住み家そのもののように実感できるようだ。素朴そのもののような人柄で、海を愛して止まない。それ以上何もいらないみたい。

彼は少年時代、水俣病の見本のように扱われたこともある。彼がはじめて水俣についてのニュース映画を見たとき、不思議な動きをする少年と一緒に撮られていた少年も彼だったみたい。今では彼は、水俣関係の裁判などにも原告側の人としてよく出ていて、なにかと活動している。彼はただ黙って画面に出ているだけでも素朴な善意が内側からあふれてくるような人柄の良さを感じさせる人物なのだが、その人柄の良さをいかんなく見せてくれる場面がこの映画では設定されている。彼は世話してくれる人がいて奥さんと見合いで結ばれるのだが、その結婚の前後のことを、奥さんとこもごも語る。設定と言っても、ただ、二人でそれなりのごちそうを食べながら思い出を語るだけなのだが、二人がこもごも語る当時の思い出話は、どんな劇映画の名作のラブシーンと較べても劣るものではない。彼がこの結婚でどんなに幸福だったかということを、ひとつもかくさず、素朴に正直に語るからである。その幸福感というものが事実としてそこに見えるし、心から祝福できるからで、劇映画のラブシーンと比較すべきものではないが、ついこちらも嬉しくなって、映画史上の有名なラブシーンのあれこれと比較してみたくなるのだ。

二人の見合いを取りもったのは川上さんという人。このドキュメンタリーの中心の主題である水俣病裁判で何度も原告をつとめる重要人物である。当時それで見合いの相手だった今の生駒秀夫の妻の幸枝さんは、父親が韓国人で当時は旅館の仲居をしていた。生駒秀夫はその後、チッソの子会社に就職し、長年つとめた。

何気なく語られるこれらの人間関係は、水俣病裁判が、原告だ被告だと対立しているようでも、実は互いにごく身近な間柄という面も持っていることを語っている。だからどうだと言い出すとややこしいことになるが、地方の小さい町の出来事なら当然そういうことになるだろう。裁判というと敵味方という間柄になるが、もともとは義理人情で仲間づきあいをしていた面もあって、単純に敵味方で割りきれないことを教えてくれる。

これは土本典昭の作品では見えてこなかったところである。ただし、こういう面があるからといって、原一男はその面を過大に持ち込むことはしていない。ただ、どんな問題にも複雑な矛盾はついてまわり、それを視野の内から外さないことが問題を見る眼の人間的な豊かさを保つことになるという原則を見事に一貫させているのだ。

このエピソードで、それまで水俣病被害者の代表とばかり単純に思い込んで見ていた生駒秀夫さんが、じつはチッソの子会社で働いていたと知って、一瞬、「え?」と思ったが、考えてみれば不思議でもなんでもない。この町はチッソがその多くを支配する町なのだから。

この映画では、前述した坂本しのぶさんと、この生駒秀夫君が、ほとんどヒロインとヒーローと言ってもいいくらい、分量的にもたっぷり描かれて強い印象に残る。水俣病についての映画なのだから、その患者さんの様子がくわしく描かれるのは当然だが、ていねえに描くことでこの二人のそれぞれの人間的魅力にまで迫り得たのは映画として見事である。ふつう、ドキュメンタリーでは人間を劇映画のようにていねえに描く必要はないとされている。そういう規則があるわけではないが、被写体とされた人物が俳優ではない以上、俳優のような演技を強いることは出来ないというのが常識になっている。しかし原一男の作品では、素人は素人なりに、その人の自然な動きを尊重することが重要な特色となっている。坂本しのぶさんと生駒秀夫さんにその特色がいちばんよく現れていて、劇映画を見ているのとあまり違わない自然な演技が自然に成り立っているようにさえも錯覚する。しかし前述したように坂本しのぶさんと共演した男たちなども自然な良い演技だった。自分自身を演じているのだから当然だとも言えるが、自分自身を演じさせるというのも結構難しいことなのではないだろうか。本人が本人であるのは当然であるけれども、その本人が自分自身であることに自信を持てなければ、見るに価する表現にはならないであろう。このドキュメンタリーで自分自身を演じている人物たちは、みんな自分に自信を持って動いている。

（さとう・ただお／映画評論家）

原一男監督インタビュー

終わりなき「水俣」——次の世代に託すもの

「水俣」を撮り始めるまで

——原監督の最新作『水俣曼荼羅』（以下『水俣』）が、十一月二十七日から一般公開されます。以前監督から「映画が完成して、公開されるまでの間に、少しずつ映画を語る自分の言葉を獲得していく」という趣旨のことを伺いました。今、公開を目前にしていかがでしょうか？

原　『水俣』は、撮影に十五年、編集に五年かかりました。でも、自分の中でまだ整理ができていなくて、ごちゃごちゃしています。私たちは必ず製作ノートを作ります。劇場で買ってくれた人にはサインしますので、その時のキャッチコピーをそろそろ決めておかなきゃいけないんだけど、思案しているところです。『ゆきゆきて、神軍』（一九八七年、以下『神軍』）の製作ノートにサインするときには「もっと過激に！　もっと自由を！」。『れいわ一揆』（二〇一九年）なら「あなたのれいわ一揆を！」。私は、対話の中で自分の言葉を発見するという、そういうタイプなんですね。だから、できるだけたくさんの人に観てもらって、意見を言ってもらうとすごくありがたい。話しながら「ああそうか」って気がつくことがたくさんあります。だから公開までの間だけでなく、公開してからもずっとインタビューを受けて、言葉を探し続けていくということをやるんです。今日も、言葉を探しながら、お話ししたいと思います。

――それでは、早速お話を伺っていきたいと思います。『水俣』の重要な問題提起だと思うのは、水俣病を現在の問題として扱っていることです。今年九月に公開されたユージン・スミスの『MINAMATA』では、水俣病は過去の話になっています。原監督の『水俣曼荼羅』は、現在進行形の問題として描かれていて、じつは関西訴訟ということもこの映画で知りました。六時間もあるというのには驚きましたが、観ている間中、早く次が観たいという気持がずっと続きました。

原　みんな尻込みしますね。「こんなに長いの」って。

――「水俣」を撮ろうと思った、そもそものきっかけは何だったのでしょう。

原　そもそものきっかけの話は、だいたい面白くないんですよ（笑）。でも状況がわからなければ、話の全体の理解ができないだろうと思うので話します。大阪電気通信大学という私立大学がありまして、大森一樹という映画監督がいます。彼は七〇年代の、自主制作・自主上映派です。私も同じ頃に『さようならＣＰ』を作っていました。同じ時期に、彼は京都府立医大の学生だったので京都で、私は東京で作っていたので、同じ土俵で出発したっていう認識を、お互いに持っていたんですよね。初めて会ったのは二〇〇〇年、私が「大阪CINEMA塾」をやって、彼にゲストに来てもらった時です。以来交流があって、彼が二〇〇二年に大阪電気通信大学（以下、電気通信大）の教授として呼ばれ、一年後に教授のポストが一つ空いたので、私を誘ってくれたんですよ。私はその話に乗って、二〇〇三年に教授として着任しました。

着任してまもなく大学の事務局長の浪越宏治さんから連絡がありました。私がドキュメンタリーを撮っているとを知っていて、「ポケットマネーを百万円出すから、ある男を撮ってやってくれないか」と言うんです。自主制作って、自分で借金をして作るものですから、人からお金を出してもらって作るってことが、私にとっては新鮮で（笑）。で、ある男、つまり横田さんを撮って欲しい、と。横田さんは、関西訴訟の川上敏行さんたちの運動を長年支援している団体の事務局長さんだったんです。横田さんは浪越さんが大阪電気通信大学で教授をやってた頃の教え子だったんですね。それで、横田さんを撮ってくれという話になるんです。

そんな経緯があって横田さんに会ったんですが、頑なに「撮られるのは嫌だ」って言われた。じゃあどうしようかっていうことで、迷ったんですが、せっかく出資してくれるので、何とか題材を見つけようと考えました。横田さんは「水俣病問題」そのものに対して関心を持っているということで、水俣の現地に行ってみることにしました。
二〇〇三年、実際に水俣に行った時に案内してくれたのが伊東紀美代さんでした。伊東さんは、坂本しのぶさんら患者さんたちと、市民運動をしているグループの中の関係者でもありました。この人は七十年代、水俣病の運動がピークの頃に水俣に入って住み着いて、今やリーダー的な役割を果たしています。その伊東さんが、チッソも含めた水俣関連の施設や建物を案内してくれたり、人を紹介してくれました。今現在起きていることについても、道々いろいろ話を聞くじゃないですか。そこで初めて「そうか、水俣病というのはまだ終わってないんだな」と認識したわけです。

映画にとっての「水俣」という主題

――そのときまでは、原さんも、水俣病は過去の問題だと思っていたのですね。映画の主題としての「水俣病」については、どう考えていましたか？

原　一般的に言って、映画監督として新しい題材に取り組むとき、「水俣病」という素材は過去に大きく取り上げられているテーマですから、そういう題材を取り上げることが、果たして作り手として損か得かということは、私も人並みの人間ですから、やっぱり考えました。
映画の世界で水俣病といえば、土本典昭監督が、傑作と言われる作品を何本も作っています。私がその後から水俣に入って映画を作ると言ったら、「後からのこのこ出てきやがって」と反発を食らうかもしれない。日本は縄張り意識が強いですからね。それで迷ったんです、やるべきかやらざるべきか。だけど、土本さんももう高齢でしたし、これ以上新しい作品を取り組むことはまず無理だろうと、客観的に見てそう映りました。だからこれは誰かが続けてやらなきゃいけない。土本さんの弟子と言われるドキュメンタリーの監督が何人かいて、個別のテーマを取り上げて水俣の映画を作っていますが、本筋でやるような気配はない。それらなら、問題意識を持ってる人がやるのが一番自然だから、私が撮ることになるのかな、とも思ったんだけれども、ここで問題になったのは、土本さんと私との間で、実は確執があるわけです。つまりその時、険悪な状態だったんです。

なぜかというと、時間をさかのぼりますが、一九九八年にパリとアムステルダムで、日本のドキュメンタリーの特集をやった時、土本さんも私もゲストに呼ばれて、そこで初めて土本さんに会って親しく会話をするようになるんです。「もっと早く原君と会っていれば、『さようならCP』や、『神軍』も観たのに」って言うんですよ。つまりその時、観ていないわけ(笑)。でもそういうふうに仲良くなって、セーヌの川沿いに男同士二人で連れだって歩きながら「もっとドキュメンタリー勉強したいですね」「東京に帰ったら、土本さんの作品を集めて、シンポジウムみたいなものをアテネフランセを借りてやりましょうよ」という話をして盛り上がりました。私は東京に帰ってきて、早速その準備に取りかかりました。

その準備をする中で、土本さんだけじゃなくて、私から見て上の世代のドキュメンタリーの監督たちも呼んで、もっとスケールを大きくやりたいと、イメージが膨らんでいったわけです。当時、ドキュメンタリーとフィクションのボーダーを越えるという問題意識がありました。土本さんと並ぶ日本のドキュメンタリーの巨人・小川紳介、小川さんは亡くなってたので小川プロの人たちも呼ぼう、今村昌平、大島渚、それから篠田正浩、それから新藤兼人、……話を膨らませて、交渉してOKを取って、形が具体的に決まっていきました。

その内容が、アテネフランセの会員向けニュースに掲載されたある日、土本さんから電話がかかってきました。「俺は聞いてない、なんだこれは」って激昂してるんです。それは、途中報告をしなかった私が悪いってことになるんだけども、私がイベントをやろうとしてるのだから、私のイメージで広げたっていいじゃないですか。でも、怒ってることに対しては申し訳ないと思うので、ひたすら謝りました。だけど怒りが静まらなかったんですよ。険悪な感じを残したまま行き来がストップしてしまいました。イベント自体は、一九九六年にやりました。いいイベントで、その中でも重要な部分を抜粋して、『ドキュメンタリーは格闘技である』（筑摩書房、二〇一六年）という本になりました。そこには、土本さんは入っていません。

そんなことがあるので、水俣をテーマに映画を撮ろうとしたときに、土本さんに仁義を切るべきかどうかと悩んだわけです。考え方は二つ、ありますよね。何を素材に選ぼうがそれは作り手の自由だから別に仁義を切る必要はないということと、やっぱり仁義を切るべきだ、という考え方と。その二つの間でどうしようどうしようと揺れて、それでもやっぱり仁義を切ろうと腹を括って連絡を取ったら、その時点で土本さんは病気で入院していて、もう誰にも会わない状態になっていました。結局、そのまま会えずじまいで土本さんは亡くなりました。

そんな経緯があって、悩んだ時間があるんですが、悩んだすえにカメラを回しはじめた日、つまりクランクインの日が、二〇〇四年の関西訴訟の最高裁判決の日だったんです。そういう因縁話ふうなことが、実はありました。

『水俣曼荼羅』の二つの軸

原　普通、裁判闘争の映画っていうのは、一審・二審・三審といろいろ苦労があって、最高裁まで行って、最高裁で勝って、よかった、万歳！　というラストシーンで終わるんですよ。それなのに、なぜかこの映画はラストシーンに来るはずの映像が最初に来ちゃって、これからどういう展開になるんだろうかと思いながら撮り始めました。でも、そのうちに二つの軸が見えてきました。

最高裁判決の後、熊本県は、最高裁の判決は判決として、つま

り司法の判断は司法の判断として、行政は行政の判断があるんだという理屈で、最高裁の判決を無視する態度をとったんですよ。川上さんたちは怒って「最高裁の判例を無視するのか！」ということで、熊本地裁を相手取って裁判を起こしたんです。最高裁の判決を守れ、という主張ですね。だから『水俣曼荼羅』は、川上さんのこの裁判をフォローすることを一つの軸として始まります。

もう一つの軸は、浴野成生《えきのしげお》さんの学説です。関西訴訟で勝った理由としては、実は、浴野さんの学説を弁護団が全面的に取り入れたことが大きい。敗訴した一審では取り入れていなかったんですね。永嶋里枝さんたち弁護団が一審の後、浴野さんの「中枢説」を全面的に取り上げようと方針を変えたんですよ。そして高裁で「私達は一審のときは方針が間違っていた」「今後は浴野さんの学説をメインに採用して、弁論を展開していきます」と宣言して、弁護活動を展開したんです。それが、裁判官に全面的に受け入れられて、高裁で勝ち、最高裁勝利につながって行くんですね。

その浴野さんの学説は、まだ完成してない。今まさに研究が仕上げに向かって取り組んでると聞いたので、その学説「中枢論」を映画に取り込むという形で撮影させてもらうことにして、これがもう一つの軸であると決めました。これが第一部の構成の骨組みというか骨子になってるんです。まあ、こんなふうにスタートしたわけです。

――撮影を始めてから、その方針が摑めてくるまでに、どれぐらいかかったんですか。

原　二〇〇四年に関西訴訟判決があって、クランクインしてから……四年、五年ぐらいですね。だいたいそれくらいかかっています。

――原さんの作品は、前のものも撮影期間が長かったですね。『ニッポン国VS泉南石綿村』（二〇一八年、以下『泉南』）は八年でしたか。

原　撮影が八年、編集が二年だから十年ですね。実は『泉南』と『水俣』は並行して撮影したんですよ。水俣の方がスタートが早かったんです。五年ぐらい遅れて『泉南』をスタートしています。こんな長い映画を、よくまあ二本も並行してやってたと思います。『水俣』は撮影が十五年で、これが最長です。

――撮り始める時は、そんなにかかるとは思わないですよね。

原　でも、最初から数年がかりになるとは思っていました。大阪電気通信大学の教授になった話はしましたが、私を呼んでくれた大森が大阪芸術大学の学科長になって、二〇〇五年に今度は私を大阪芸大に呼んでくれたんです。

　電気通信大の事務局長からもらったポケットマネーは全部実費で使ってしまうだろうし、そこから私たちのギャラを引いた日には、映画の実費にお金が回りません。幸いに大阪芸大の教授として報酬がもらえることになり、水俣の取材を続けられることになりました。授業をおろそかにするわけにはいかないので、夏休みと冬休みしか行けないというのが私に与えられた条件で、数年かかると最初から思っていました。一回の滞在を最低二週間ぐらいに設定して、長い時間をかけることを、一つの方法として意識して撮っていこう、という方針を出したわけです。

十五年もかかるとは思っていなかったし、ちょっとかかりすぎたかなとも思うんだけど（笑）。

「奥崎謙三」がいない時代に映画をどう撮るか

――原監督は「映画とは人間の感情を描くものである」と仰っておられますが、『水俣』と『神軍』とでは、全く違う感情の発露を撮ることになると思います。『神軍』から『水俣』の間に三十年以上の時間が流れていますが、撮る側の監督にも、考え方の変化のようなものはあったのでしょうか。

原　ドキュメンタリーだけじゃなくドラマを含んだ「映画」について、多くの先輩たちが「映画とはこういうものである」という理論化をしてきました。私は、今村昌平監督の「映画とは人間を描くものである」という言葉に「感情」を足して「映画とは人間の感情を描くものである」と言っています。その方が、自分の中ではストンと落ちる。だから最初から「感情を撮る」という考え方が私のベースにあり、水俣に乗り込むわけです。

『神軍』は、私が若い頃に作った代表的な映画ですが、主人公がものすごく激烈な人ですよね。人間の感情を描くものであるという映画理論から照らしてみると、もう激しいですよ。暴力的に、相手に自分の感情をぶつけていく、それをシーンにする。ある意味非常に押し付けがましいシーンになるんですよね。そういうシーンを撮りたいと、私はその頃思ってたので、まさにそういう人を主人公に選んで、映画を作っていました。

――演説を撮るような感じですか。

原　はい、そういうシーンじゃないと、映画を観た人に、自分たちが伝えたいと思ってるメッセージが伝わらないと思っていたところがあるんです。だから「これでもか、これでもか」っていうぐらいに、強いシーンを撮りたがるという傾向を私が持っていて、その最高の被写体が奥崎さんだった。「前期」と呼んでますけれども、私が前期に作った映画の主人公たちが生きたのは昭和という時代でした。そして昭和が終わり、平成から令和に移っていきますよね。奥崎さんより、もっと強い個性を持った主人公はいないか、と思って私はずっと探すわけです。そして十年かけて探したけど、いないなということに気がつく。何でいないんだろうと考えて、さらに十年かかってるんですよ。二十年近く考えた末に出した結論は、昭和という時代だから、奥崎さんみたいな人は生きられたんだということです。時代に、彼を許容する余裕があったから、ああいう生き方があり得た。

ところが、時代が過ぎていくに従って、権力が人民をコントロールするという支配の構造が、どんどん強くなっていく。だから奥崎さんみたいな人がもし今の時代に生きていたら、ネットなんかで叩かれて、あんなに自由自在に権力に喧嘩を売っていくなんてことは、できやしないんじゃないかと思います。

私が撮りたいと思っていた主人公たちが、時代の流れによって生きていけなくなった、映画の作り手として撮りたいと思う人がいないということは、映画監督としてはもう自分は終わったのかしら、そう思って、実はかなり落ち込んでいたんです。そのときに声をかけてくれたのが、「水俣」だったんです。映画が作れるんだったら、材料は何でもいいやと思っていた面もありました。

しかし、奥崎さんのような強い感情のほとばしりは、普通の人にはありません。どちらかといえば日本の民衆は控えめですし、権力に抗うという問題意識を持った人は、少ない。むしろ権力に抗うことはしてはいけない、ぐらいに思ってる。『泉南』の人たちは見事にそういう人たちだった。だけどもそういうことに我慢しきれず、加害の企業や行政に対して怒るべきであると、学習していくわけでしょう、水俣病の患者さんとか、アスベストの被害者とか。そういう人たちの感情を撮ればいいんだなって、『水俣』をやるときにこちらも腹をくってそれを撮ろうとしたんです。

運動がかなり低迷化してきている中で、激しい感情を狙っても実際にはそれがなくなっている、弱まってもう終わったと思われてる、そのこと自体がまさに問題なので、「人間の感情を描く」といったときに、水俣病の問題が日常の中にどういうふうに表れるのか。奥崎さんほど強くはないけれども、どこかの場面で感情が出てくるには違いなく、それをとにかく丁寧に撮っていこうと決めました。
一人を主人公に追っていくというやり方は、『水俣』や『泉南』のように生活者を撮るときには、無理なんですよね。奥崎さんみたいな強い人がいれば、奥崎さんを主人公にして、一本の映画って成り立つけれども。だから水俣病場合は水俣病の全体像や課題を、複数の人の感情をすくい上げることによって浮き彫りにさせていくという方法になる。必然的に群像ドラマふうに、ならざるを得ません。

――ヒーローがいない時代に「生活者をどう撮るか」というテーマは『泉南』と『水俣』で共通するのですね。何人もの生活者たちが登場する群像劇ということで、「水俣曼荼羅」というタイトルがついたのだなと分かってきましたが、タイトルはどのように固まってきたんですか。

原　撮影を始めて十年ぐらい経った頃だったかな。浴野さんが仲間を集めて親睦会、飲み会をやってくれたことがあるんですよ。その時に「今回の映画は交響楽、シンフォニーみたいな映画になるだろうと思ってます」って、挨拶したんです。でも、色々な楽器の音を一つに重ねて作る「シンフォニー」よりは、「曼荼羅」の方が、私にはしっくりいくなと、気持が変わっていった。元々私の中で昔から曼陀羅というイメージはあるんですよね。ずっと。
『水俣』に出てくるのは、何もいい人ばかりじゃなくて、敵側の役人でもいろんな個性が垣間見えるじゃないですか。だいたい、役人って酷い奴が多いんですが、その酷さにもいろいろ個性がある、それも含めての曼荼羅世界。水俣っていうところはその曼荼羅世界が成り立ってるところですよ、ということが、要するに映画のメッセージなんです。
大体、この映画のテーマはここにあるんだな、ということが意識化されたときに、タイトルが出来てきますから、撮影開始から十年ぐらい経ったときに、そういう狙いがだんだん自分の中で明確になってきたんでしょうね。

愛がなければカメラは回らない――水俣の魅力的な人々

――生駒さんに初夜の話を聞く場面がありますね。しのぶさんを、過去に好きになった人のところに連れて行く場面も。ああいう場面は、今までの水俣の映画にはないんじゃないでしょうか。とても印象に残りました。

原　水俣病を描いた運動の映画には、初夜の話とか、初恋に破れた人の話なんて、まず出てきません。行政や権力側が本質的に解決を図ろうとしない状況下で長く生きてくると、人間性が徐々に歪んで、その歪さが感情の中に出てくる、と思っています。
私は人間の感情を丁寧に撮ろうと思うから、その問題意識の流れで、初夜の話やセンチメンタルジャーニーがごく自然に映画の中には出てくるわけです。下ネタを面白がって撮ろうということだけじゃないんです。「初夜ってどうだったの」って聞いたその答えの中に、嫁さんをもらうことの生駒さんの苦労というものが、くっきり浮かんでくるじゃないですか。「二回目うまくいったの」と、ここまで聞くとやりすぎですから、そこの節度は守るんですよ。でも初夜ぐらいまでの話は聞かないとわからないものね（笑）。

生駒さん夫婦が新婚旅行にいった旅館、喜久屋という老舗なんですよ。あそこのお湯が一番地元で人気があるんです。私達も撮影の時にはそこに泊まらせてもらいました。食事はいらない、素泊まりでいいから安くしてって。あそこを拠点にして撮影に行ってたんです。「生駒さん、一泊分私たちが持つからさ、奥さんと一緒に行こうよ」「じゃあ行くか」となって、それで喜久屋でいろいろ話を聞かせてもらいました。やっぱり相手が、よしいこうという気持で乗ってくれなきゃ、いい場面は成立しない。生駒さんは、私たちが行くと一番喜んでくれて、あっちこっち連れて行ってくれました。だから生駒さんの出番が一番多いんですよ。付き合った時間が一番長いからね。

――二人でビールを注ぎあって、奥さんが料理を食べやすいよう

に並べ替えたりと、そういうところに、あの二人の過ごしてきた年月が出ているなあと思いました。素晴らしいシーンでした。

原　ああいうところが、いいところなんです。土本さんの映画にはそういうシーンは出てきませんね。時代が違うからね。今、令和という時代で、生活の中の感情を丁寧に掬い上げて撮っていくっていうことなんだなと、作り手としては考えます。

――原監督の映画を見ると、出てくる人を好きになってしまうんですよ。生駒さんも、しのぶさんも。たぶん監督がそういう目で見てるからそう映ってるんだと思うんですけど。『泉南』の時もそうでしたが、今回は特にそうでした。

原　カメラ回すには相手を好きにならないとね。「こんちきしょう、こいつ馬鹿じゃねえか」と、相手を嫌いな状態ではカメラは回らないんです。嫌いな人のことは、まず撮ろうという気が起きませんものね。その人がいいなと思うから、そのいいところを何とか引き出そうと一所懸命質問もするし、カメラを回せるんです。例えば原告団の川上さんっていう人はね、一緒に動いてると、ああ川上さんって、古武士、野武士だなあと、そういう感じを受けるんですよ。ああ、川上さんっていいよなあ、という思いを持ってずっとカメラを回してるんです。

それから、諫山孝子さんという、ディズニーが好きな胎児性の女の人。胎児性とは言うけど、あの時で三十代か四十代。その人のお父さんが、訴訟派で、つまり本筋で権力とずっと闘ってきたグループのリーダーです。あの人も、本当にいいなあと思うんですよね。頑固一徹っていう言葉はふさわしくはないかもしれませんけど、「本筋で闘わなあかん」と死ぬまで自分は闘い続けるっていう雰囲気を、ちゃんと持ってるお年寄りです。ああいう人の言葉を、やっぱり聞きたい。人生を教えてもらうのと同じことだから。

そういう人を何人もって言いたいんだけど、もう、そんな人は数少ない。原則や本筋を重要視して闘い続けていくことができる数少ない人が川上さんであり、諫山さん。そういう人は、映画の作り手からすれば、ものすごく魅力的な人物なんですよ。ドキュメンタリーのいいところは、作り手が相手の人に対する愛、気持が映像に乗り移ることです。それがスクリーンを通して観ている人にも伝わっていくところがあるので、大事に映像化して、シーンを作ろうとするんです。

――書道の先生も、静かだけど芯のあるような感じがしてすごく格好いいですね、その隣にいる書道の教え子の方も。

原　永野三智さんは、書道の溝口秋生さんの、小学校の頃からの教え子だったわけでしょう。今は先生と言って慕ってるけど、永野さんも水俣を、どこかで嫌ってた少女時代がある。水俣の街が持っている雰囲気は、必ずしも水俣病の人たちに優しくないからね。そういう空気の中で育っているから、彼女もまた「嫌だな」と思って外へ飛び出していくんですが、きっかけがあって戻って来て、水俣病に自分の生き方の中で向き合っていかなきゃいけないんだと、少しずつ、生き方の中核に据えていくんです。

そういう人の人生が、シーンとしては短くても、凝縮する形で映像にして入れていく、水俣という一つの世界を形作っていく。だからタイトルはやはり「曼荼羅」でなくてはいけない。

――「群像」という言葉が先程ありましたけど、いろいろな人が出てきて、水俣病のそのチームの中でも、意見は少しずつ違いますよね。国家権力と闘う場合には意見を一つに纏めなくてはいけないわけですが、実際には一枚岩ではない。人間の感情の部分が出ているというのが、原監督らしさなのかなと思います。

原 そうです。主役の一人の浴野さんもね、私達が行くと本当にニコニコしながら、ああいうキャラクターを見せてくれるんですけれど、映画を観た人の中で、彼を「マッド浴野」って言ってる人がいるんですよ。実際に私達が付き合ってるときも、浴野さんに関して、ちょっと危うさを感じることもあります。オタクっぽい手つきで脳に接しているシーンとか。

これは面白い話なんだけど、浴野さんは山口県出身なんです。その浴野さんが、「熊本の人っていうのはね、みんな俺が俺がっていうそういうタイプの人ばっかりだ」と言うんですよ。私たちはその話を聞きながら、「浴野さん、あんたも俺は俺だっていうタイプの人じゃん」って思いながら聞いてるんです（笑）。聞いてておかしくて仕方ないんですよ。

でもそれは否定的に言うんじゃなくて、そういう浴野さんだから、政府からの助成金がなくても、自費でコツコツと三十数年間、研究を続けていられるわけです。そういうキャラクターを持った浴野さんの一つの学問の業績として、「脳の中枢説」という学問が出来上がっていく。それってやっぱり面白い。何も正義の使命感だけでやってるわけじゃない。脳を受け取りに行って、ユニクロの袋に大事に大事に脳を入れて、大事に抱えて電車乗って帰っていくでしょう（笑）。

そういうところが、生身の人間の持ってるおかしさ。人間って面白い。だからそういう映像をいっぱい撮ろうと思って、十五年かけてこれだけ撮れたけど、撮りたくて撮れなかったシーンもいっぱいあります。

壊せなかったタブー

――撮りたくて撮れなかったシーンを具体的に教えていただけますか?

原 わかりやすい例は、坂本しのぶさん。しのぶさんが失恋した相手に会って昔話を聞くんですが、恋が成就しない話なので、私なんか何度見ても自分でもらい泣きしちゃう。

しのぶさんは、新聞やテレビの新人の記者たちがくると、もう片っ端から好きになる。恋多き女として地元では有名なんですね。しのぶさんにとって人を好きになるということの意味は、その人が外の世界を持ってくる、しのぶさんから見ると未知の世界を持ってきてくれる人として映る。だから、恋をすることでその人と一体化して、未知の世界を共有できる、そうイメージする時、しのぶさんは自由なんですね。

ただ、しのぶさんの何を撮れなかったかということは、ここでは言えないですね。タブーに類することだから。ここで言えるなら、撮れていました。他にも撮れなかったものはいくつかありますが、大体同じような感じです。でも勘のいい観客なら、いくつかの場面から、私が撮りたくて撮れなかったことを、聞きたくて聞けなかったことを、感じてくれるはずです。そういうふうに作っています。

逆に、作り手って何だろうか、という問題意識で入れたエピソードもあります。「奇病のかげに」

という テレビ番組で、患者ではない人が、患者の真似をしている場面。私自身も自分の中で答えが出しにくい課題なんですが、映画を撮ってる人間にとって、水俣病を扱って作品だけ作ればいいのかっていう問いかけは、いつもあります。映画を作ると同時に、実際のアクションに出るディレクターっているんです。テレビの場合は、「奇病のかげに」の、影をやったディレクターがその例ですよね。

映画の場合、土本さんも映画を作るだけじゃなくて、一株運動を日本に輸入した後藤孝典弁護士を水俣に連れて行って、それが水俣の運動に取り入れられた経緯がある。映画監督のアイディアが、現実を動かすというように作用していくんです。ドキュメンタリーを撮るという行為って、どういうことなのか、という意味を問う一環として「奇病のかげに」のエピソードは入れるべきだと考えたんですよ。

ユージン・スミスが、上村智子さんとお母さんがお風呂に入ってる写真を撮る時、ライティングにとても時間がかかったそうなんですね。あの写真は逆光が生きていて、神々しいまでに、宗教画を見るような美しい作品になってるんです。でも、撮影の間患

者さんは裸でお風呂の中にいて、寒い思いをしていたそうです。いい写真を撮りたいスミスは、自分の作品を作るために、寒さに耐えることを強いる。その場合にカメラマンとしての欲求が優先するのか、患者さんの体のことを優先させるべきかっていう、問いが出てくる。今回、上村さんのお父さんにもインタビューを申し込んで、一度はＯＫしてくれたんですけど。次の段階で断られて、残念ながら果たせなかったんです。

――私たちは、インタビューの仕事が多いのですが、原監督をインタビュアーとしてとても尊敬しています。原監督でも聞きたくて聞けないことがあるのですね。

原　水俣というところはタブーがたくさんありますよね。タブーだから撮れなくても良しとしているのではなく、そういうタブーこそを、一本の映画を作る中で、一つでも二つでも多く壊しちゃえって、いつも思ってるんですけど、力及ばず。それは、相手の持ってる力が強いからっていうだけじゃなくて、自分の心の中にバリアがあって、いつも自問自答しながらやってるんだけれども、壊せることもあれば、壊せないものも実はたくさんあるんです。水俣病を扱うのは本当にデリケートだなと思うのは、タブーがいっぱいあるし、相手だけでなく、撮る側の心の中にもあったりするので、なかなか難しいなというふうに思うんですよ。

──そういう意味では、映画監督一人でではなく、観客と一緒になって、壊すと言うより乗り越える種類のタブー、というものもあるのかもしれませんね。観る側も真剣にならなくてはいけない。

六時間という長がなければ伝わらない

──インタビューのシーンが、ひとりひとりが長いですよね。私たちが、テキストを編集するときも問題になりますけど、エッセンスだけ取り出して見た目のいいように並べればそれなりのものになるけど、何も残らないということがあって、長くやればやるほど人に残るんだなと思いました。

原　「このシーン長いよ」とほとんどの人が言ってて、いろいろ試行錯誤したシーンが、『泉南』の佐藤美代子さんのあのシーンです。首相官邸の前で、雨の中、涙ながらに演説をする佐藤さん。色々やってみたんです。長いシーンを短くするには、テクニック的に言うと頭を切るかケツを切るか真ん中を抜くかの三つで、どれも皆試してみました。で、それぞれ切ったものをスクリーンにかけてみると、やっぱり佐藤さんの「ドーッ」っという溢れる気持が薄れていくんですよ。長くないと駄目なんです。長くないと伝わらない。

長いと飽きちゃうから短くして欲しいという人は、数からいうと圧倒的に多いんですけど、そういう人は、実は映像の見方の理解ができてないと思います。それは作り手側の身勝手な理屈だ、というふうには思わないです。

『水俣』でいえば川上さんの相撲甚句は長いですよ。あれも短くしていいじゃないかっていう声は当然あるんです。でも、あれは川上さんがフルコーラス歌いきってこそ、味があるんですよね。あの歌詞そのものは大阪を歌ったものですけど、その歌詞の中に、川上さんの人生がにじみ出てくる。やっぱり全編じゃないと駄目なんです。

そういうものを全部入れようとすると、どうしても六時間の長さになってきますけど、それはもうそういうものなんです。長い映画っていうのは、長いからこそ伝えられる世界を描こうとした、作り手の考えた結果なので、それはそういうものとして受け止めて観ないと、作り手の思いは伝わらない。作り手も観る側も、両方が切磋琢磨していかないと、映画はおもしろくならないと思います。

――あの長さで見たからより好きになったというか、親近感もより濃くなりました。でも、六時間というと、普通の感覚からしたら映画三本分ぐらいですよね。映画に決まりはないと思いますけど、今の映画ってだいたい二時間以内じゃないですか。

原　映画って二時間が一番いい長さなんだと多くの人が言います。考え方はいろいろあるでしょうけれど、映画には体感時間がある。面白ければ、どんな長い映画でも「もう終わっちゃったの」と思えるような映画、実はいっぱいある。面白ければ持つんですよね。

「悪役」をどう観るか

――六時間という長さのせいもあってか、親近感を強く持ってしまい、最後見終わったときには寂しい気持になります。悪役がところどころに出てきますが、あの人たちも、僕は当事者ではないから、直接的な憎しみはない。この人達も大変だなって思いました。役割としてそこにいるわけだけど、映画の中では悪役。行政とか役人たちに対してはどういう目で撮ったのですか？

原　今おっしゃったように、映画の主人公は大体が正義の人です。主人公が悪人っていうのは滅多にない。正義を正義の人と描くためには悪役がいないといけなくて、それが映画の文法なんですよね。劇画は典型的にそうだけど、主人公がいて、副主人公的な人がいて、脇役がいて、敵役がいる。ちゃんと役割を持った人が登場して、波乱万丈のストーリーを織りなしていく。それはドキュメンタリーだって基本的には同じだっていう感覚は、私の中にあるんですよ。

だけど、面白いことはですね、『泉南』のときに、いくつかシーンとして出てきますが。出てくる厚労省の役人がみんな、ちょっと二枚目風でひ弱風。映画を観た人が、きっと、厚労省の役人の方に思い入れするだろうなあって思いながら撮影したシーンがあります。案の定、原告団は集団で声を荒らげてるし、暴力団ふうなイメージがあるものだから、責められてる厚労省の役人がかわいそうだって、実際にそういう感想があったんですよ。でもそういう、一見ひ弱そうな人を出してくるのは実は、厚労省側の戦術ですからね。憎たらしく見える人は出してこない。

今回、一番最初に出てくる小池百合子は、いかにも悪役顔で、これはむしろ珍しい。ああこの人悪役だって、私たちはほっとしますけどね（笑）。でも基本的には、人間ってやっぱり弱い方に思い入れをする、観客はそういう習性を持っている。『泉南』の柚岡一禎さんは言ってましたよ、どんなにひ弱そうに見えても権力側の人だから、それは叩いておかないといけない。そういう人が将来出世してね、悪代官ふうに出てくる可能性だってあるんだから、と。考え方としては柚岡さんが正しいんじゃないでしょうか。お偉方の役人は、典型的な悪役は後ろに隠れているに違いないんだから、目の前にひ弱そうな人が出てこようとも、騙されちゃいけない。目の前に優男が出てくるとつい同情しちゃうけど、相手の戦略に乗っちゃいけないと考えるべきじゃないでしょうか。

ドキュメンタリーであっても、エンターテイメント

――なるほど。確かに、「お祭しします」しか言わないのには、笑ってしまいました（笑）。本当に劇映画のシーンのようでした。

原　劇映画のように、とおっしゃいましたけど、実は私にとって、それは大きな問題なんです。『神軍』

は完成して三十年経ちます。『神軍』を撮ろうとするときに、私の中に、「劇映画のように撮ろう」という意識がありました。その理由は何かって大したことないんですよ。ただ単に、前の映画とはちょっと違った撮り方をしてみたいって、映画屋としてごく自然に本能として出てくるものでした。

「劇映画のように」が具体的にどういうことかというと、劇映画の最も基本な撮り方は、攻める側と攻められる側、主人公と敵役がいて、それをカットバックで見せるというものです。ごく当たり前の技法ですが、ドキュメンタリーの現場でこれを撮るのは、実はかなり難しい。攻める側を撮り、その後、スイッチを切って責められる側を撮るためには、カメラポジションを逆に持ってかなきゃいけない。その間に話はどんどん流れていく。すると取り逃がす大事な言葉や表情がいくつもあるんです。それが、劇映画のように撮ることとの代償です。そのリスクを冒して、私はカットバックができるように撮っているんです。

『神軍』だけではなく、私の映画は「これは素人を使った映画で、ドキュメンタリーという手法を応用した新しいドラマの作り方ですよ」と言っても成立する思っています。『水俣』も、おそらく皆さんに「実はね、これはドラマなんです」って言えば、観る側はそう思うだろうと思うんです。

『泉南』の佐藤さんは、カメラの前でどんどん女優になっていきました。つまり、カメラの前に立った人は演じることを自覚していく。カメラの存在を意識して、カメラの後ろにいるであろう多くの未知の観客に向かって自分の思いを伝えたい、わかってほしいということを意識して、身振り手振りで自分の言葉を発する。これって、役者が芝居に感情を込めることと、同じですよね。それを意識的に狙ってやろう、という方法論を私は取るので、これはドラマだ、という感覚が、一本作品を作るたびにどんどん強くなってるんです。まだまだ私の中でその話を、考えていかないといけないなと思ってるんですが、基本的にはそういう感覚があるんです。

映画って、観た人が感動をするってことは、登場人物のメッセージが伝わったからこそ感動するわけですよね。テレビと映画とは、全然違うメディアであり表現方法なんです。映画はやっぱり人を感動させないといけない。どんなにシリアスなテーマを持ったドキュメンタリーであっても、エンターテイメントとして描かないといけないと、いつも自分に言い聞かせています。エンターテイメントという形をとって、伝わって、感動させて、初めてメッセージがメッセージとして観客に伝わります。これは私の基本中の基本の態度です。

――『水俣』はシリアスな問題の映画だけど、音楽の使い方ひとつとっても、どこかコミカルというか。そういう心を開けるような作り方になっていて、それが原監督らしく、リラックスして観ることができました。

原　心地いいでしょう、あれ。狙い通りです（笑）。

――映画も、ユージン・スミスの写真も、みんな「作品」とも「芸術」とも言われますよね。原監督は自分のお仕事を、どのように思ってらっしゃるのですか。

原　ドキュメンタリーは芸術かどうか、っていう論議が時々ありますけど、私は「芸術」という言葉に照れがあるんですよ。私たちの作るドキュメンタリーは、生の人間の感情を撮るものだから、もうドロドロしている。だから芸術と呼ぶには抵抗があるっていうのが正直なところで、私は自分たちの作品を「芸術作品」って呼んだことはないんです。

ただ「作品」って呼ぶことは抵抗がありません。だから作品って呼びますね。喜怒哀楽の強さや激しさ、良いところも悪いところも含めて描いていくので、それは額縁に収まるような、いわゆる美の世界ではないと思います。

終わりの時期は自然に意識されてくる

――十数年も撮っていて、「ここで終わりにしよう」というのは、どう決めるんですか。

原　これは私の考え方なんですけど、気持の中で、そろそろ終わっていいかな、終わらなきゃいけないなって思うときが必ず来る。それはごく自然に意識されてくる。そう思える時期までは、たとえ十年かかろうが、頑張って撮らなきゃいけないって、いつも言い聞かせてるんですよ。

今回、もうそろそろ止めなきゃと思ったことの一つはお金です。ポケットマネーを出してくれた浪越さんが、何の注文もつけずに十二年ぐらいお金を出し続けてくれたんです。さすがにこれ以上出すと年金がなくなるので、もう無理だよって言われて、それもそうだろうなと。その時点であとは疾走プロの自主制作でやるしかないと決めて継続していったんです。

それと、もうこれ以上粘っても、撮りたい、という人と出会うことは、ないだろうなあ、と思い始めるんですね。それで撮影はそろそろ終えて編集に入った方がいいなって思えてきたんです。それが十四年目でした。

ラストシーンには、田中実子さんを持ってこようと決めていました。水俣の内陸部に山があって、春に桜のトンネルができるから、その中を、車椅子に乗った実子さんがずっと進んでくる絵がいいんじゃないかと伊東さんがアイデアを出してくれたんです。桜の季節は一年に一回。実は十四年目の桜の季節に行けなかったんです。一回タイミングを逃すと翌年。十五年目です。もう本当にお金もないし、これ以上伸ばせない。実は十五年目も桜の季節に間に合わなかったんです。それで、もう桜にこだわらないで撮るしかないということになりました。実子さんが久しぶりに自宅の外に出るというときに、伊東さんが家族の人に取り次いでくれ

て、近くの高台まで行って撮影しました。

実子さんは外に出たとき、いつも嬉しそうにニコッて笑うそうなんですよ。それを撮りたかったんです。でも、長岡くんと私の二台のカメラで狙うつもりがタイミングが合わなくて、実子さんの笑顔を微妙に撮り逃がしてるんです。それは悔しいけどね、もう一回やっても、あの実子さんの笑顔は撮れない。だから撮影的にはちょっと失敗した画なんだけど、かろうじて、ちらっと実子さんの笑顔を感じ取れたように映っているので、それをラストシーンにして、撮影が終わりとなったんです。いろいろドラマがあります。

——現地では、もう上映されたんですか。

原　登場してもらった人には早く観せたい、という気持はあったんですが、コロナ禍で「他県の人には施設は貸さない」と言われて実現できず、伊東さんや谷洋一さん、谷由布さんたちに託しました。ホントは水俣市民の人たちには無料での上映会をやろうと思ったんですが、多くの人たちが集まることができないので、出演してくれた人たちをメインに観せましょうということになり、結果として五、六十人が観たと聞いています。水俣市民の皆さんには、また別のイベントとして企画したいと思ってます。

観た人は、みんな本当に喜んでくれました。なにせ製作期間が長いので、亡くなった人もいます。「あこういうことがあったたな」「この人はこういうふうに生きてて、この人はこのときこう言ってたよね」っていう、それぞれの人の記憶に残ってるその人の姿が、あの映像を見ることで蘇る。そういう意味でほとんどの人から、撮ってもらってよかったと言っていただいてます。

もう一つは、日常の暮らしの中で、感情の起伏を描こうとしてますから、それがすごく共感してもらえたみたいでね。「原さんに撮ってもらって、こういう映画になったんだ、よかった、よかった」って言ってもらったので、こちらもほっとしています。

風土と患者と天皇制――次の世代へ

――天皇陛下と喋った緒方さん、あの方も静かだけど、すごく魅力のある人ですね。

原　実はこれが問題があります。正直に言いますけど。緒方さんは天皇に会った患者代表ですよ。だから今、自由に会ってもらえないんです。今までは電話をして、「ちょっとインタビュー答えてください」「いついつならいいですよ」って気楽に会ってくれた。ところが、今は語り部会の会長になっているから、「みんなの総意があって自分は動くので会議に諮ってくれ」って。天皇陛下に会ってから対応が変わったんです。

――それもまたドキュメンタリーですね。

原　緒方さんは孤軍奮闘して頑張って認定を認めさせた、よく頑張ったなあと尊敬すべきところはいっぱいあります。

撮影中、緒方さんの口から「天皇」は自分の遠い祖先に繋がっている、と聞いたとき、私は青天の霹靂というか、思ってもいないことが飛び出した、と驚きました。何か違う、何か言い返さなきゃいけないって必死に頭の中で言葉を探してるんですけど、とうとう見つからなかった。映画の作り手としては、黙って聞いてちゃいけないところだったんですけど、言葉が全く出てこなかった。

緒方さんの天皇の話と、天皇のご夫妻が、海に稚魚を放すところがありますね。水俣湾にはまだ水銀が残っている、と常識的な感覚で水俣の人は思ってるわけだから「そこへ放流した稚魚は水俣病になりはしないでしょうか」と天皇に聞いて欲しい、と石牟礼道子さんが緒方さんにメッセージを託した。その話と、緒方さんが天皇に会ったときの実感を述べる言葉とくっつけることによって、観る人に何かを感じ取って欲しいと思いました。これも観客に委ねるしかないと思いながら作ったシーンです。

――十五年という時間も本作では話題になっていますが、天皇制や、日本という風土が持っている根深い問題を掘り下げる時間としては、必ずしも長いとは言えないのかもしれませんね。

原　はい、水俣病固有の問題と、日本という風土が元々持っている問題が重なり合い、ねじくれているので、とてもとても私が十五年かけてその全部を解明するということは無理だと思いました。

土本さんが水俣関連のシリーズを、長い時間かけて作ったでしょう。土本さんがやった仕事が、つまり先発ピッチャー。今回私が作る映画というのは、中継ぎだと思ってるんです。今起きている水俣病の問題を、できるだけたくさん、小さい問題から大きい問題まで整理整頓していくのが、中継ぎとしての自分の役割だろうと思ってるんですよ。

だから当然、この後、クローザーが出てきてくれないと、水俣病の問題を描き終わったことにはならない。どの世代の誰が出てくるかは分からないし、出てこないかもしれないけど、出てきてくれないと、終わらないと感じるんです。最後は次に託す、という気持です。

二〇二一年十月十九日　於・皓星社

聞き手　奥野武範（ほぼ日刊イトイ新聞）

皓星社編集部

協　力　高井ホアン

ラマを交えて綴られる。5年もの歳月を費やした意欲作で、埴谷雄高、瀬戸内寂聴などの作家が登場するのも興味深い。
＊日本映画批評家大賞　作品賞
＊報知映画賞　作品賞
＊毎日映画コンクール　日本映画大賞
＊日本アカデミー賞　特別賞
＊藤本賞　藤本賞・特別賞（小林佐智子）
＊キネマ旬報ベスト・テン　日本映画第1位、日本映画監督大賞
＊日本映画ペンクラブ　ベスト1位

2005年 『またの日の知華』
The Many Faces of Chika

原一男が手掛けた初の劇映画。激動の70年代を舞台に、吉本多香美、桃井かおりらがひとりのヒロイン・知華を演じ、4人の男たちとの愛を4つの章に分けて描き出す。

2017年 『ニッポン国VS泉南石綿村』
Sennan Asbestos Disaster

06年、大阪・泉南地域の石綿（アスベスト）工場の元労働者とその家族が、損害賠償を求め国を訴えた。石綿は肺に吸い込むと、長い潜伏期間の末、肺ガンや中皮腫を発症する。国が経済発展を優先し規制や対策を怠った結果、原告の多くは肺を患い、発症に怯え暮らしていた。原は裁判闘争や原告らの人間模様を8年にわたり記録。ささやかな幸せを願い戦う原告たちだが、国は控訴を繰り返し、長引く裁判は彼らの身体を確実に蝕んでいく。
＊釜山国際映画祭　メセナ賞（最優秀ドキュメンタリー）
＊山形国際ドキュメンタリー映画祭　市民賞
＊東京フィルメックス　観客賞
＊ピッツバーグ大学ドキュメンタリー映画賞　グランプリ

2019年 『れいわ一揆』
Reiwa Uprising

東京大学東洋文化研究所教授・安冨歩は2013年以来、「もっとも自然に生きる事ができる」スタイルとして、女性服を着る「女性装」を実践していた。彼女は、山本太郎代表率いるれいわ新選組から参議院選挙の出馬を決める。選挙活動を通して彼女が一貫して訴えるのは、「子どもを守ろう」。新橋SL広場、東京駅赤レンガ駅舎前、阿佐ヶ谷駅バスターミナル他都内各地から旭川、沖縄、京都まで――相棒「ユーゴン」とともに全国を巡ってゆく。そして故郷の大阪府・堺市駅前に立った彼女は、美しい田園風景が無個性な住宅街に変わり、母校の校舎も取り壊されてしまい、喪失感を吐露し始める……。
＊第75回毎日映画コンクール ドキュメンタリー映画賞

原一男〈フィルモグラフィー／受賞歴〉

1972年『さようならCP』
Goodbye CP

CP（脳性麻痺）者の急進的な団体「青い芝」の人々の生活と思想をカメラに収めた、原一男の第一作。障害者だからといって自ら片隅でこっそりする生き方は、障害者差別を容認することになると考え、その不自由な体を積極的に人前にさらしていく。

1974年『極私的エロス・恋歌1974』
Extreme Private Eros：Love Song

「私にとって映画はコミュニケーションの方法」という原が、かつて一緒に暮らし子どもをなした女を追って沖縄へ行き、彼女が自力出産を行なうまでを捉えた作品。「極私」の極致へと到達した未踏のドキュメンタリーとして、原一男の名を一躍知らしめた問題作。
＊フランス・トノンレバン独立国際映画祭グランプリ受賞

1987年『ゆきゆきて、神軍』
The Emperor's Naked Army Marches On

87年の日本映画界を震撼させた驚愕の作品。天皇の戦争責任に迫る過激なアナーキスト・奥崎謙三を追った衝撃のドキュメンタリー。神戸市で妻とバッテリー商を営む奥崎謙三は、たったひとりの「神軍平等兵」として、"神軍"の旗たなびく車に乗り、今日も日本列島を疾駆する。生き残った元兵士たちの口から戦後36年目にしてはじめて、驚くべき事件の真実と戦争の実態が明かされる。＊日本映画監督協会　新人賞
＊ベルリン国際映画祭　カリガリ映画賞
＊毎日映画コンクール日本映画優秀賞、同監督賞、同録音賞
＊報知映画賞　最優秀監督賞
＊シネマ・デュ・レエル（パリ・ドキュメンタリー国際映画祭）大賞
＊日本映画ペンクラブベスト　1位
＊キネマ旬報ベストテン　2位（読者選出1位、読者選出監督賞）
＊ブルーリボン賞　監督賞
＊ヨコハマ映画祭ベストテン1位、同監督賞
＊おおさか映画祭　特別賞
＊くまもと映画祭　特別企画製作賞
＊映画芸術ベストテン1位

1994年『全身小説家』
A Dedicated Life

作家・井上光晴の生を描く長編ドキュメンタリー。約40年にわたって創作＝小説と格闘し、92年5月癌に散ったひとりの小説家の「虚構と真実」が、インタビューを中心とする従来通りの記録映画的な部分と「イメージ篇」と名付けられた一種のド

原一男［はら・かずお］

1945年6月、山口県宇部市生まれ。東京綜合写真専門学校中退後、養護学校の介助職員を経て72年、小林佐智子と共に疾走プロダクションを設立。同年、『さようならCP』で監督デビュー。74年、『極私的エロス・恋歌1974』を発表。セルフ・ドキュメンタリーの先駆的作品として高い評価を得る。87年、『ゆきゆきて、神軍』を発表。大ヒットし、日本映画監督協会新人賞、ベルリン映画祭カリガリ賞、パリ国際ドキュメンタリー映画祭グランプリなどを受賞。94年、小説家・井上光晴の虚実に迫る『全身小説家』を発表。キネマ旬報ベストテン日本映画第一位などを獲得。05年、初の劇映画『またの日の知華』を発表。18年、『ニッポン国VS泉南石綿村』を発表。釜山国際映画祭メセナ賞(最優秀ドキュメンタリー)などを受賞。19年、ニューヨーク近代美術館(MoMA)にて、全作品が特集上映された。同年、風狂映画舎を設立し、『れいわ一揆』を発表。2020年、『水俣曼荼羅』を完成させた。
後進の育成にも力を注ぎ、日本映画学校(現・日本映画大学)、早稲田大学、大阪芸術大学などで教鞭をとったほか、私塾「CINEMA塾」「原一男のネットde CINEMA塾」などを不定期に開催。

疾走プロダクション［しっそうプロダクション］

1972年、小林佐智子プロデューサー、原一男監督が設立した映画製作・配給会社。『さようならCP』(72年)、『極私的エロス・恋歌1974』(74年)、『ゆきゆきて、神軍』(87年)、『全身小説家』(94年)、『またの日の知華』(2005年)を製作・公開発表。公開された作品はいずれも高い評価を得ており、ブエノスアイレス、モントリオール、シェフィールド、アムステルダムなど、各地の国際映画祭でレトロスペクティブが開催されている。

水俣曼荼羅　製作ノート

2021年12月22日　初版第1刷発行
2023年2月13日　改訂2版第2刷発行

編　者　原一男＋疾走プロダクション
発行所　株式会社 皓星社
発行者　晴山生菜
〒101-0051 東京都千代田区神田神保町3-10-601
電話：03-6272-9330　FAX：03-6272-9921
URL http://www.libro-koseisha.co.jp/
E-mail：book-order@libro-koseisha.co.jp
郵便振替　00130-6-24639

組版　藤巻亮一
印刷・製本　精文堂印刷株式会社

ISBN 978-4-7744-0755-5